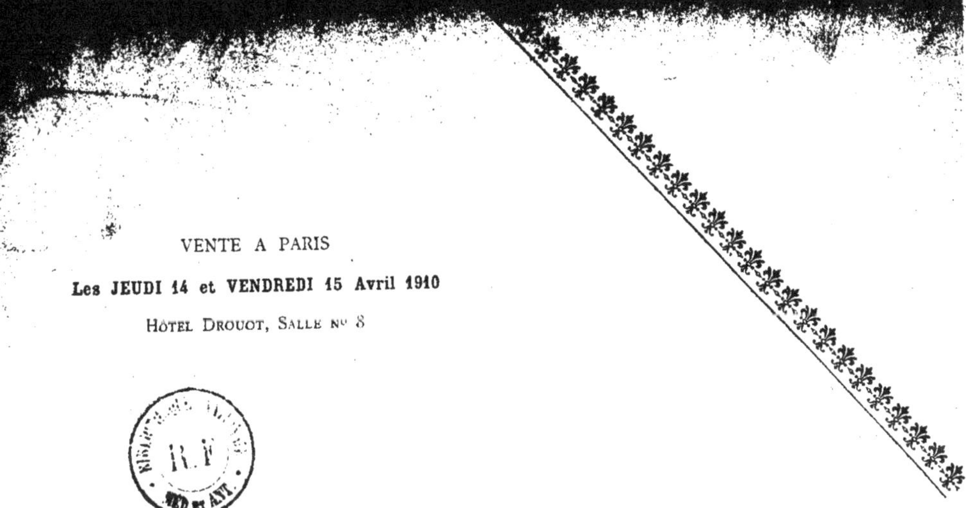

VENTE A PARIS

Les JEUDI 14 et VENDREDI 15 Avril 1910

Hôtel Drouot, Salle n° 8

Collection Jules NORMAN

Monnaies Grecques

ROMAINES

GAULOISES, FRANÇAISES

COMMISSAIRE-PRISEUR :
Me Émile BOUDIN
14, rue de la Grange-Batelière

EXPERT :
M. Étienne BOURGEY
7, Rue Drouot, 7

PARIS

Adresse télégraphique : ÉTIENBOURG-PARIS.

Collection Jules NORMAN

Monnaies Grecques

ROMAINES

GAULOISES, FRANÇAISES

Vente aux Enchères Publiques

A PARIS, HÔTEL DES COMMISSAIRES-PRISEURS, RUE DROUOT, 9.

SALLE N° 8, AU 1er ÉTAGE

Les Jeudi 14 et Vendredi 15 Avril 1910

A DEUX HEURES PRÉCISES

EXPOSITION PUBLIQUE UNE HEURE AVANT LA VENTE

COMMISSAIRE-PRISEUR :
Me ÉMILE BOUDIN
14, RUE DE LA GRANGE-BATELIÈRE

EXPERT :
M. ÉTIENNE BOURGEY
7, RUE DROUOT, 7

PARIS

Adresse Télégr. ETIENBOURG-PARIS

Exposition particulière :

Les 11, 12 et 13 Avril 1910, chez M. Étienne BOURGEY, expert, 7, rue Drouot (Téléphone 274-64).

Exposition publique :

Les 14 et 15 Avril 1910, Hôtel des ventes, salle 8, une heure avant la vente.

La vente aura lieu au comptant.

Les acquéreurs paieront dix pour cent en sus des enchères.

L'authenticité des pièces est garantie.

M. Étienne BOURGEY, 7, rue Drouot, se charge d'exécuter les commissions qui lui seront confiées.

L'ordre du catalogue sera suivi ou non. L'expert se réserve le droit de diviser ou de réunir les lots.

MONNAIES GRECQUES

ESPAGNE

1 **Emporiae.** ΕΜΠΟΡΙΤΩΝ. Tête de Déméter, couronnée d'épis, à g. ℞. Cheval debout à dr.; au-dessus, Niké volant à dr. Drachme. Arg. TB.

GAULE

2 **Massilia.** Tête d'Artémis laurée et ornée de bijoux, à dr. ℞. ΜΑΣΣΑ. Lion à dr. Drachme. Arg. Très belle.

Voyez planche I.

ÉTRURIE

3 **Populonia.** Tête imberbe laurée à g.; derrière, X. ℞. Lisse. Denier. Arg. B.

LATIUM

4 **Alba Fucentis.** Tête d'Hermès à dr., avec le pétase ailé. ℞. ALBA. Pégase à dr., la tête et la queue prolongées en forme de serpents; le tout dans une aire creuse. Arg. TB. Rare.

Voyez planche I.

CAMPANIE

5 **Alliba.** Tête laurée d'Apollon à dr. entre trois dauphins. ℞. ΑΛΛΙΒΑΝΟΝ. Scylla à dr.; dessous, une coquille. Diobole. Arg. B.

6 **Cales.** Tête de Pallas à g. avec casque à crinière; derrière, une massue; dessous, Γ. ℞. CALEN. Bige au galop à g., conduit par Niké. Didr. Arg. Très beau.

7 **Cumae**. Tête de femme diadémée à dr. ℞. ΝΟΙΑΜΥΚ. Moule et grain d'orge. Didr. Arg. TB.

Voyez planche I.

8 **Hyria**. Tête de Héra de face, le diadème orné d'une palmette et de deux pégases. ℞. ΑΝΙΡΥ. Taureau androcéphale marchant à dr. Didr. Arg. Jolie pièce. B.

Voyez planche I.

9 **Neapolis**. Tête diadémée de femme à g.; derrière, un dauphin. ℞. ΝΕΟΠΟΛΙΤΩΝ. Taureau androcéphale à dr., couronné par Niké volant à dr.; dessous, ΙΣ. Didr. Arg. B.

Voyez planche I.

10 ΝΕΟΠΟΛΙΤΩΝ. Tête laurée d'Apollon à g.; derrière, Ο. ℞. Même type du taureau. Bronze. AB. Patine bleue.

11 **Nola**. Tête d'Athéna à dr. avec le casque à crinière lauré, portant les lettres ΟΡ. ℞. ΝΩΛΑΙΩΝ. Taureau androcéphale à dr.; dessous, Ε. Didr. Arg. B.

Voyez planche I.

12 **Nuceria Alfaterna**. Légende osque. Tête virile imberbe à g., avec une corne de bélier. ℞. Un des Dioscures nu, debout à g., tenant son cheval par la bride. Didr. Arg. AB.

13 **Phistelia**. Tête de Héra de face, les cheveux épars. ℞. ΦΙΣΤΕΛΙΣ. Taureau androcéphale marchant à g.; dessous, un dauphin. Didr. Arg. TB.

Voyez planche I.

14 **Romano-Campanienne**. Tête diadémée d'Hercule jeune à dr.; sur le cou, une massue. ℞. ROMANO. La louve à dr., allaitant les jumeaux. Didr. Arg. B.

15 Tête de Mercure à dr. ℞. ROMA. Proue. Sextans. Br. B. Patine vert bleu.

16 **Suessa**. Tête laurée d'Apollon à dr. ℞. SVESANO. Cavalier nu, portant une palme ornée de bandelettes, et conduisant deux chevaux à g. Didr. Arg. TB.

Voyez planche I.

17 **Teanum Sidicinum**. Tête d'Héraclès imberbe à dr., couverte de la peau de lion. ℞. Légende osque. Niké dans un trige au galop à g. Didr. Arg. AB.

Voyez planche I.

18 Légende osque. Tête laurée d'Apollon à g.; derrière, un foudre. ℞. Taureau androcéphale couronné par Niké, à dr.; dessous, pentagone. Bronze. AB. Patine bleue.

APULIE

19 **Rubi.** Tête casquée de Pallas à dr. ℞. ΡΥ. Épi avec sa feuille à dr. ; dans le champ, une corne d'abondance et ΣΙ. Diobole. Arg. Très beau.
Voyez planche I.

CALABRE

20 **Tarentum.** Taras à dr. sur le dauphin, le bras g. étendu et tenant un poulpe de la main dr. ℞. ΤΑΡΑΣ. Hippocampe à dr. ; dessous, coquille ; bordure striée. Statère. Arg. B.

LUCANIE

21 **Heracleia.** Tête de Pallas à dr. avec le casque à crinière orné d'un hippocampe. ℞. ΗΡΑΚ. Héraclès nu debout à dr., étouffant le lion ; derrière lui, sa massue ; dans le champ, une coquille. Didr. Arg. B.
Voyez planche I.

22 **Laïos.** Taureau androcéphale à g., retournant la tête ; à l'exergue, un gland. ℞. ΣΑΛ. Taureau androcéphale à dr. ; sur son dos, un oiseau. Statère. Arg. AB. Rare.

23 **Metapontum.** Épi dans un cercle perlé. ℞. Même type en creux. Tiers de statère. Arg. B.

24 Tête de Déméter à g., couronnée d'épis, la chevelure tombant sur le cou. ℞. ΜΕΤΑ. Épi avec sa feuille à g. Didr. Arg. B.
Voyez planche I.

25 Tête de Déméter voilée et couronnée d'épis à dr. ℞. ΜΕΤΑ. Épi avec sa feuille à g., chargée d'une souris ; dessous, Φ. Didr. Arg. TB.
Voyez planche I.

26 **Posidonia.** ΠΟΣ. Poseidon nu, debout à dr., une draperie sur les deux épaules, brandissant son trident et étendant la main g., le tout dans un double cercle perlé. ℞. ΠΟΣ. Même type en creux. Statère. Arg. B.
Voyez planche I.

27 **Sybaris.** Taureau debout à g., retournant la tête ; dessous, VM. ℞. Même type à dr. en creux. Statère. Arg. B.

28 **Thurium.** Tête d'Athéna à dr., le casque orné d'un scylla ; sur le garde-nuque, ΕΥ et globule ; derrière, une chouette. ℞. ΘΟΥΡΙΩΝ ΣΩΓ.

Taureau cornupète à dr.; dessous, un oiseau et ᚱ. Tétradrachme. Arg. B. Beau style.

Voyez planche I.

29 **Velia**. Tête d'Athéna à g., le casque à crinière lauré et orné d'un griffon; derrière, IE sur une tablette. ℞. ΥΕΛΗΤΩΝ. Lion à g., dévorant un cerf. Didr. Arg. B.

BRUTTIUM

30 **Les Bruttiens**. Tête de Niké à dr. ℞. ΒΡΕΤΤΙΩΝ. Dionysos debout de face, se posant une couronne sur la tête et tenant un sceptre; dans le champ, un foudre. Drachme. Arg. TB.

31 **Caulonia**. ΚΑVΛ. Apollon nu, debout à dr., tenant un rameau et étendant le bras g. sur lequel court un petit personnage qui tient un rameau; devant, un cerf debout à dr., retournant la tête; le tout dans un cercle guilloché. ℞. Même type en creux. Statère. Arg. TB.

Voyez planche I.

32 **Croton**. ΚΡΟΤΩΝΙΑΤΑΣ. Tête laurée d'Apollon à dr. ℞. Héraclès enfant, assis de face, la tête à g., et étouffant deux serpents. Statère. Arg. Très belle pièce de très beau style; quelques défectuosités de frappe à l'avers.

Voyez planche I.

33 **Locri Epizephyrii**. ΛΟΚΡΩΝ. Tête laurée de Zeus à g. ℞. Aigle à g. dévorant un lièvre; dessous, un globule; dans le champ, И et un foudre. Statère. Arg. TB.

34 **Rhegium**. ΡΗΓΙΝΟΣ. Tête laurée d'Apollon à dr.; derrière, une double feuille de laurier. ℞. Tête de lion de face, à grand relief. Tétradr. Arg. TB.

Voyez planche I.

35 **Terina**. ΤΕΡΙΝΑΙΟΝ. Tête de la nymphe Térina à dr., les cheveux relevés et retenus par un bandeau. ℞. Niké assise à g., tenant un oiseau. Statère. Arg. B.

Voyez planche I.

SICILE

36 **Abacaenum**. Tête de Zeus à dr. ℞. ΑΒΑ. Sanglier debout à dr.; devant, un gland. Litron. Arg. B.

37 **Agrigentum**. ΑΚΡΑC ΑΝΤΟΣ. Aigle au repos à g. ℞. Crabe. Tétradr Arg. TB.

Voyez planche I.

38 **Camarina.** ΚΑΜΑΡΙΝΑΟΙΝ (*sic*). Pallas armée, debout à g. ; à ses pieds, un bouclier. ℞. Niké volant à g. ; au-dessous, un cygne, le tout dans une couronne d'olivier. Litron. Arg. B.

Voyez planche I.

39 **Catana.** ΚΑΤΑΝΑΙΟΝ. Tête laurée d'Apollon à dr. ℞. Bige au pas à dr., l'aurige en robe longue. Tétradr. Arg. TB., mais l'avers piqué.

Voyez planche I.

40 **Gela.** ΓΕΛΑΣ. Partie antérieure d'un taureau androcéphale nageant à dr. ℞. Bige au pas à dr. ; au-dessus, Niké volant, couronne les chevaux. Tétradr. Arg. B.

41 **Himera.** La nymphe Himéra sacrifiant à g. sur un autel ; à sa dr. un satyre debout près d'une fontaine à tête de lion. ℞. Bige au pas à dr. avec un aurige drapé auquel Niké présente une couronne. Tétradr. Arg. AB. Rare.

42 Coq debout à g. ℞. Poule à dr. dans un carré ponctué. Drachme. Arg. AB.

43 HIMERA. Même coq à g. ℞. Crabe dans un champ concave. Didr. Arg. TB.

Voyez planche II.

44 **Leontini.** Tête laurée d'Apollon à dr. ℞. ΛΕΟΝΤΙΝΟΝ. Tête de lion rugissant à dr., entre quatre grains d'orge. Tétradr. Arg. B.

45 **Messana.** ᐅΑΝΚΕΕ. Dauphin à g. dans une large bordure perlée. ℞. Coquille au milieu d'un carré divisé en treize parties. Drachme. Arg. Très belle.

Voyez planche II.

46 ΜΕΣΣΑΝΙΟΝ. Lièvre courant à dr. ; dessous, petite tête de Pan à dr. ℞. Bige de mules à g. ; au-dessus, Niké volant, couronne l'aurige ; à l'exergue, deux dauphins. Tétradr. Arg. B.

47 **Motya.** Tête de face. ℞. Légende punique. Palmier. Obole. Arg.

48 **Naxos.** Tête barbue et couronnée de lierre de Dionysos à dr. ℞. ИΟΙ-ΧΑИ. Silénos nu, accroupi de face, une main contre le sol, la dr. tenant un canthare. Drachme. Arg. AB.

Voyez planche II.

49 **Panormus.** Tête de Perséphone couronnée de roseaux à g. ; autour, quatre dauphins. ℞. Buste de cheval à g. ; derrière, un palmier ; dessous, *Am machanat.* Tétradr. Arg. TB.

Voyez planche II.

50 **Segesta.** ΣΕΓΕΣΤΑ... Tête de la nymphe Segesta à dr. dans un champ concave. ℞. Chien en arrêt à dr. ; dans le fond, triple tige de blé ; dessous, traces de légende. Didr. Arg. B.

Voyez planche II.

51 **Selinus.** ΣΕΛΙΝΟΝΤΙΟΝ. Le fleuve Sélinos nu, sacrifiant à g. sur l'au-

tel d'Asklépios orné d'un coq, et tenant la branche lustrale; derrière lui, taureau cornupète sur un piédestal et feuille d'ache. ℞. Artémis et Apollon tirant de l'arc dans un bige au pas à dr. Tétradr. Arg. TB.
Voyez planche II.

52 **Syracusa**. Tête d'Aréthuse à g., couronnée de roseaux et entourée de quatre dauphins. ℞. Quadrige au galop à g.; au-dessus, Niké volant à dr. couronne l'aurige; à l'exergue, une rangée d'armes carthaginoises. Décadr. Arg. B.
Voyez planche II.

53 **ΣΥΡΑΚΟΣΙΟΝ**. Tête archaïque de Coré à dr., les cheveux relevés sur le cou et passés dans sa couronne de perles; à l'entour, quatre dauphins. ℞. Quadrige au pas à dr.; au-dessus, Niké volant couronne les chevaux; à l'exergue, un serpent. Tétradr. Arg. Très beau.
Voyez planche II.

54 Tête de Pallas à g. avec le casque corinthien à crinière orné d'un griffon, les cheveux noués sur le cou. ℞. **ΣΥΡΑΚΟΣΙΩΝ**. Artémis à g., tirant de l'arc; à ses pieds, un chien courant; dans le champ, **ΥΑ** et **Σ**. 10 litra. Arg. B., l'avers un peu piqué.
Voyez planche II.

55 **Tauromenium**. Tête laurée d'Apollon à dr.; derrière, une étoile. ℞. **ΤΑΥΡΟΜΕΝΙΤΑΝ**. Trépied; **ΑΡΙ** en monogramme. 4 litra. Arg. TB.
Voyez planche II.

56 **Rois de Sicile**. *Agathoclès* (317-289). **ΚΟΡΑΣ**. Tête de Perséphone à dr., les cheveux flottants. ℞. Niké debout à dr., érigeant un trophée; dans le champ, **Ν** et triquetra; à l'exergue, **ΑΓΑΘΟΚΛ**. Tétradr. Arg. TB.
Voyez planche II.

57 *Phitistis*. Sa tête voilée à g.; derrière, une torche. ℞. **ΒΑΣΙΛΙΣΣΑΣ**. **ΦΙΛΙΣΤΙΔΟΣ**. Niké dans un quadrige au galop à dr.; au-dessus, un croissant; au bas, un épi. 16 litra. Arg. TB.
Voyez planche II.

CHERSONÈSE TAURIQUE

58 **Panticapaeum**. Scalp de lion. ℞. Croix dans un carré incus, cantonnée des lettres **Π** et **Α** et de deux étoiles. Tétrobole. Arg. B.

MŒSIE INFÉRIEURE

59 **Callatia**. Tête d'Héraclès jeune, couverte de la peau de lion, à dr. ℞. **ΚΑΛΛΑΤΙ**. Épi, massue et arc dans son étui. Drachme. Arg. B.
Voyez planche II.

60 Même tête d'Héraclès à dr. ℞. ΚΑΛΛΙ. Massue et carquois dans son étui. PB. B.

61 **Istrus**. Deux têtes imberbes juxtaposées en sens inverse. ℞. ΙΣΤΡΙΗ. Aigle de mer à g. sur un dauphin; dessous, Δ. Drachme. Arg. TB.

THRACE

62 **Abdera**. ΑΒΔΗΡΙΤΕΩΝ. Tête laurée d'Apollon à dr. ℞. ΕΠΙ. ΠΑΥΣΑΝ. Griffon accroupi à g. Statère. Arg. B.

Voyez planche II.

63 **Aenus**. Tête d'Hermès à dr., avec le pétase sans ailes, bordé d'un rang de perles. ℞. ΑΙΝΙ. Bouc à dr.; devant, une couronne, le tout dans un carré incus. Tétradr. Arg. TB. Revers retouché.

63 *bis*. **Byzantium**. ΠΥ. Bœuf debout à g.; dessous, un poisson; devant, PN en monogramme. ℞. Croix en creux pointillée. Tétradr. Arg. B.

64 **Maronea**. Partie antérieure de cheval galopant à g.; autour, ΕΥΠ. ℞. ΜΑ. Grappe de raisin dans un carré perlé. Drachme. Arg. TB.

65 **Mesembria**. Casque à crinière de face. ℞. ΜΕΤΑ, dans les rayons d'une roue radiée. Diobole. Arg. B.

66 **Chersonesos**. Protomé de lion à dr., se retournant. ℞. Carré divisé en quatre parties dont deux creuses, contenant un globule et une feuille. Tétrobole. Arg. B.

67 **Thasos** (*Ile*). Silénos nu à dr., un genou en terre, tenant une nymphe dans ses bras. ℞. Carré incus formé de quatre parties inégales. Statère. Arg. TB.

68 Tête imberbe, couronnée de lierre, de Dionysos à dr. ℞. ΗΕΡΑΚΛΕΟΥΣ ΣΩΤΗΡΟΣ ΘΑΣΙΩΝ. Héraclès nu, debout à g., appuyé sur sa massue. Tétradr. Arg. TB.

69 **Rois de Thrace**. *Lysimaque* (323-282). Tête diadémée et cornue d'Alexandre divinisé à dr. ℞. ΒΑΣΙΛΕΩΣ ΛΥΣΙΜΑΧΟΥ. Pallas nicéphore assise à g., appuyée sur son bouclier; devant, un monogramme; sous le siège ΘΕ. Tétradr. Arg. TB. Beau style.

70 **Rois de Paeonie**. *Patraüs*. (340-315). Tête laurée à dr. ℞. ΠΑΤΡΑΟΥ. Cavalier casqué et cuirassé, galopant à dr. et frappant de sa lance un ennemi renversé; dans le champ, un foudre et une grappe. Distatère. Arg. TB.

Voyez planche II.

71 *Audoléon* (315-286). Tête d'Athéna de face, avec un casque à triple aigrette. ℞. ΑΥΔΩΛΕΟΝΤΟΣ. Cheval passant à dr.; dans le champ, deux monogrammes. Distatère. Arg. TB.

Voyez planche II.

MACÉDOINE

72 **Acanthos.** Lion à dr., terrassant un taureau tourné à g. ℞. **ΑΚΑΝΘΙΟΝ** autour de quatre élévations granulées renfermées dans des carrés, le tout dans un carré incus. Tétradr. Arg. Belle et de bon style, très légèrement piquée. Rare.

Voyez planche III.

73 **Amphipolis.** Tête laurée d'Apollon de trois quarts à g. ℞. **ΑΜΦΙ** autour d'un flambeau allumé, dans une couronne de laurier. Hémidr. Arg. B.

Voyez planche III.

74 **Eion.** Oie à dr. retournant la tête vers un lézard ; au-dessous, **Η**. ℞. Carré incus en quatre compartiments. Diobole. Arg. TB.

75 **Lete.** Satyre nu, barbu, debout à dr., arrêtant une femme par le bras et lui caressant le menton ; dans le champ, deux globules. ℞. Carré incus bombé, divisé en quatre triangles. Statère. Arg. TB.

76 **Neapolis.** Gorgonéion. ℞. **ΝΕΟΠ**. Tête d'Aphrodite à dr. dans un champ concave. Hémidr. Arg. B.

77 **Orthagoria.** Tête d'Artémis pharétrée à dr. ℞. **ΟΡΘΑΓΟΡΕΩΝ**. Casque macédonien avec paragnathides et surmonté d'une étoile ; au-dessous, **Η**. Statère. Arg. Très beau.

Voyez planche III.

78 **Rois de Macédoine.** *Philippe II* (359-336). Tête laurée de Zeus à dr. ℞. **ΦΙΛΙΠΠΟΥ**. Cavalier à g. levant le bras ; devant, un arc. Distatère. Arg. TB.

79 *Alexandre III le Grand* (336-323). Tête d'Héraclès jeune à dr., couverte de la peau de lion. ℞. **ΑΛΕΞΑΝΔΡΟΥ**. Zeus aétophore assis à g., appuyé sur son sceptre ; dans le champ, **Λ** et une torche ; sous le siège, **ΜΕ**. (Amphipolis). Tétradr. Arg. TB.

80 *Antigone* (306-301). Tête de Poseidon, ceinte d'une plante marine, à dr. ℞. **ΒΑΣΙΛΕΩΣ ΑΝΤΙΓΟΝΟΥ**. Apollon nu, tenant son arc, assis à g., sur une proue ; dessous, un monogramme. Tétradr. Arg. Très beau.

Voyez planche III.

81 *Démétrius I Poliorcète* (306-283). Sa tête diadémée à dr. ℞. **ΒΑΣΙΛΕΩΣ ΔΗΜΗΤΡΙΟΥ**. Poseidon nu, debout à g., le pied dr. sur un rocher, le bras dr. sur la cuisse, la g. sur un trident. Tétradr. Arg. TB.

82 La Niké de Samothrace à g. sur une proue, sonnant de la trompette. ℞. **ΔΗΜΗΤΡΙΟΥ ΒΑΣΙΛΕΩΣ**. Poseidon vu de dos, debout à g., combattant avec son trident, le bras g. étendu couvert d'une draperie ; dans le champ, deux monogrammes. Tétradr. Arg. B.

Voyez planche III.

83 *Persée* (178-168). Sa tête diadémée à dr. ℞. **ΒΑΣΙΛΕΩΣ ΠΕΡΣΕΩΣ**· Aigle éployé à dr. sur un foudre ; dans le champ, 2 monogrammes et **A** entre les serres de l'aigle, le tout dans une couronne de chêne. Tétradr. Arg. Usé.

84 **Macédoine sous les Romains.** Tête d'Artémis pharétrée au centre d'un bouclier macédonien. ℞. **ΜΑΚΕΔΟΝΩΝ ΠΡΩΤΗΣ**· Massue et 3 monogrammes, le tout dans une couronne de chêne fermée par un foudre à g. Tétradr. Arg. TB.

THESSALIE

85 **Aenianes.** Tête laurée de Zeus à g. ℞. **ΑΙΝΙΑΝΩΝ**· Guerrier nu marchant à g., retournant la tête, tenant un javelot. Hémidr. Arg. B.

86 **Lamia.** Tête de Dionysos couronnée de lierre à g. ℞. **ΛΑΜΙΕΩΝ**· Amphore ; au-dessus, une feuille de lierre ; dans le champ, une hydrie. Hémidr. Arg. TB.

Voyez planche III.

87 **Larissa.** Homme nu domptant un taureau à g. ℞. **ΛΑΡΙ ΣΑΙΑ** en 2 lignes. Cheval galopant à dr., le tout dans un carré incus. Drachme. Arg. TB.

88 Tête de la nymphe Larissa de trois quarts à g., les cheveux épars. ℞. **ΛΑΡΙΣ ΑΙΩΝ**· Cheval paissant à dr. Drachme. Arg. TB.

Voyez planche III.

89 **Oetaei.** Tête de lion à g. mordant un fer de lance. ℞. **ΟΙΤΑΙΩΝ**· Héraclès nu, debout de face, tenant une massue horizontale. Hémidr. Arg. B.

90 **Phalanna.** Tête nue, imberbe, à dr., dans un grènetis. ℞. **ΦΑΛΑΝΝΑΙΩΝ**· Cheval allant à dr. Drachme. Arg. B.

91 **Pharsalus.** Tête d'Athéna à dr., le casque à crinière ailé. ℞. **ΦΑΡΣ**· Cavalier avec le chapeau thessalien, galopant à dr. Drachme. Arg. B.

92 Tête casquée d'Athéna à dr. ℞. **ΦΑΡΣ**· Tête et cou de cheval à dr. Hémidr. Arg. AB.

93 **Tricca.** Homme nu, debout à dr., saisissant par les cornes la partie antérieure d'un taureau. ℞. **ΤΡΙΚΚΑΙΩΝ**· Protomé de cheval courant à dr. Hémidr. Arg. B.

ILLYRIE

94 **Apollonia.** **ΦΙΛΩΝΟΣ**· Tête laurée d'Apollon à g. ℞. **ΑΠΟΛΛΟ-**

NIATAN. Trois filles se tenant par la main, dansant autour du feu du Nymphaeum ; dessous, ΑΜΙΑΝΤΟΣ ΣΩΣΙΛΟΚΟΥ. Drachme. Arg. TB.

Voyez planche III.

95 **Dyrrachium**. Vache à dr., allaitant son veau. ℞. ΔΥΡ. Double carré étoilé ; dessous, une massue. Didr. Arg. TB.

Voyez planche III.

EPIRE

96 **Ambracia**. AMBRAKIOTA. Tête de Pallas casquée à g. ; derrière, un trépied. ℞. A. Pégase courant à dr. Didr. Arg. B.

97 **Damastium**. Tête laurée d'Apollon à g. ℞. ΔΑΜΑΣΤΙ. Pic de mineur et caducée. Hémidr. Arg. Très belle.

Voyez planche III.

98 **Corcyra** (*Ile*). Vache à dr., retournant la tête et allaitant son veau ; dessus, un astre. ℞. KOP. Double carré étoilé ; au-dessus, un fer de lance. Didr. Arg. TB.

ACARNANIE

99 **Alyzia**. ΑΛΥΖΑΙΩΝ. Tête casquée de Pallas à dr. ; derrière, arc et étui. ℞. A. Pégase courant à dr. Didr. Arg. B.

100 **Leucas**. Artémis à dr. sur un piédestal et tenant un aplustre ; à ses pieds, un cerf ; derrière elle, un sceptre surmonté d'un oiseau et un aigle sur un foudre, le tout dans une couronne de laurier. ℞. ΛΕΥΚΑΔΙΩΝ ΑΘΥΟΣ. Proue ; devant, deux monogrammes. Statère. Arg. B.

ÆTOLIE

101 **Les Étoliens**. Tête d'Atalante couverte de la causia, à droite. ℞. ΑΙΤΩΛΩΝ. Sanglier courant à dr. ; dessous, deux monogrammes et un fer de lance. Hémidr. Arg. TB.

LOCRIDE

102 **Locri Opontii**. Tête de Déméter couronnée d'épis à g. ℞. ΟΠΟΝΤΙΩΝ.

Ajax nu et casqué, combattant à dr. avec l'épée et le bouclier orné d'un serpent ; entre ses jambes, une parma. Didr. Arg. B.

PHOCIDE

103 **Phocis**. Tête de taureau, de face. ℞. ΦO. Tête laurée d'Apollon à dr. dans un carré ; derrière, une lyre. Tétrobole. Arg. B.

104 **Delphi**. Tête de bélier à dr. ; dessous, un dauphin, dans un carré creux. Diobole. Arg. B.

BŒOTIE

105 **Tanagra**. Bouclier béotien. ℞. TA. Partie antérieure de cheval à dr. dans un champ concave. Statère. Arg. AB.

106 **Thebae**. Bouclier béotien. ℞. ΘE. Amphore ; à g., une feuille de lierre. Didr. Arg. TB.

Voyez planche III.

107 **Thespiae**. Bouclier béotien. ℞. ΘEϟ. Croissant dans un champ concave. Obole. Arg. TB.

EUBÉE

108 **Chalcis**. Tête de femme à dr. ℞. ΛAX. Aigle éployé à dr., dévorant un serpent. Drachme. Arg. TB.

109 **Eretria**. Vache à dr. se grattant la tête avec le pied de derrière ; dessous, E. ℞. Poulpe dans un carré creux. Statère. Arg. B.

110 **Histiaea**. Tête de bacchante à dr. ℞. IΣTI AIEΩN en 2 lignes. Nymphe assise à dr., sur une proue ; dans le champ, Δ et ΣA. Tétrobole. Arg. TB.

ATTIQUE

111 **Athenae**. Tête d'Athéna à dr., l'œil de face, le casque orné de feuilles d'olivier. ℞. AΘE. Chouette presque de face, avec un croissant et une olive entre deux feuilles dans un carré creux. Tétradr. semi-archaïque. Arg. TB.

112 Tête de l'Athéna de Phidias à dr., avec le casque orné d'un griffon et de quatre chevaux ailés de front. ℞. AΘE. Chouette sur une amphore couchée ; dans le champ, TIMAPKOY· NIKAΓO· MNAΣIK,

une ancre et une étoile, le tout dans une couronne d'olivier. Tétradr. Arg. TB.

113 **Megara**. Tête laurée de Zeus à dr. ℞. Monogramme achéen accosté de H-PO. ; dessus, une lyre, le tout dans une couronne de laurier. Hémidr. Arg. AB.

114 **Aegina** (*Ile*). Tortue de mer, la carapace ornée d'un rang de globules. ℞. Carré incus divisé en quatre parties inégales. Didr. Arg. TB.

115 Tortue de terre à carapace écaillée. ℞. AIΓ et dauphin dans un carré incus à cinq compartiments. Drachme. Arg. B.

ACHAÏE

116 **Corinthus**. Tête de Pallas à g. avec le casque lauré ; derrière, un aigle retournant la tête. ℞. ϙ. Pégase courant à g. Didr. Arg. TB.

117 **Patrae**. Tête d'Aphrodité avec le stéphanos à dr. ℞. ΔΑΜΑϹΙΑϹ et le monogr. ΠΑΤΡ dans une couronne. Hémidr. Arg. B.

118 **Phlius** (ΦΛ) ΕΙΑ. Taureau cornupète à g. ℞. ΣΙΩΝ dans les angles d'un carré incus ; au centre, une roue. Drachme. Arg. TB.

Voyez planche III.

119 Taureau cornupète à g. ℞. Grand Φ cantonné de quatre points dans un carré de grènetis, le tout dans une aire incuse. Hémidr. Arg. Usée.

120 **Sicyon**. Chimère à dr. ; dessous, ΣΕ. ℞. Colombe volant à g. dans une couronne de laurier. Didr. Arg. B.

ELIDE

121 **Elis**. Tête d'aigle à g. ; dans le champ, deux contremarques. ℞. FA. Foudre ailé dans une couronne d'olivier sauvage. Didr. Arg. B.

Voyez planche III.

122 **Same** (*Ile de Céphalennia*). Tête d'Athéna de face, le casque orné de trois aigrettes. ℞. ΣΑΜΑ. Bélier à g. Tétrobole. Arg. B.

Voyez planche III.

123 **Zacynthus** (*Ile*). Tête laurée d'Apollon à dr. ℞. Trépied ; dessous, ΖΑ, autour, ΑΝΑ-ΞΙΓ. Statère. Arg. AB.

Voyez planche III.

MESSÉNIE

124 **Messene**. Tête laurée de Zeus à dr. ℞. ΜΕΣ·ΞΕΝΟ·ΧΑΡΗΣ. Trépied, le tout dans une couronne. Tétrobole. Arg. B.

LACONIE

125 **Lacedaemon**. Tête laurée et barbue d'Héraclès à dr. ℞. ΛΑ. Amphore entre les bonnets des Dioscures, dans une couronne de laurier. Tétrobole. Arg. B.

ARGOLIDE

126 **Argos**. Partie antérieure d'un loup à dr. ℞. ΠΡ. Grand Α et massue dans un carré creux. Hémidr. Arg. TB.

127 Tête de Héra à dr., le stéphanos orné de fleurons. ℞. ΑΡΓΕΙΩΝ. Diomède nu, marchant à dr., tenant une épée et le palladium. Drachme. Arg. AB.

ARCADIE

128 **Mantineia Antigoneia**. Tête laurée de Zeus à dr. ℞. Monogramme achéen accosté de Α-Ν ; dessous, le monogramme de Patrae, le tout dans une couronne. Hémidr. Arg. B.

129 **Megalopolis**. Tête laurée de Zeus à g. ℞. ΜΕΓ. Pan assis à g. sur un rocher, tenant le pedum de la main g. et élevant la dr. au-dessus d'un aigle ; devant lui, un foudre. Triobole. Arg. AB.

130 **Stymphalus**. Tête d'Héraclès couverte de la peau de lion à dr. ℞. ΣΤΥΜΦΑΛΙΟΝ. Tête et col d'un oiseau mythologique à dr. Obole. Arg. B.

CRÈTE

131 **Cnossus**. Tête de Héra à g. avec le stéphanos fleuronné. ℞. ΚΝΩΣΙ. Labyrinthe carré accosté de Α-Ρ. Drachme. 5 gr. 4. Arg. TB.

Voyez planche III.

132 **Cydonia**. Tête de bacchante ornée de pampres à dr. ℞. ΚΥΔΟΝ. Homme nu debout à g. façonnant un arc. Statère. Arg. B. Rare.

Voyez planche III.

133 **Gortyna**. Tête laurée de Zeus à dr. ℞. ΓΟΡΤΥΝΙΩΝ. Europe, tenant son écharpe des deux mains au-dessus de sa tête, assise de face sur un taureau courant à dr. 4 gr. 9. Arg. B.

Voyez planche III.

134 **Hierapytna**. Tête de femme tourelée à dr. ℞. **ΙΕΡΑΠΥ·ΙΜΕΡΑΙΟΣ**. Aigle à dr. et palmier dans une couronne. 3 gr. 4. Arg. B.
Voyez planche III.

135 **Itanus**. Tête casquée d'Athéna à g. ℞. **ΙΤΑΝΙΩΝ**. Aigle à g. regardant à dr.; derrière, un triton, le tout dans un carré incus. Drachme. 5 gr. 3. Arg. TB. *Voyez planche IV.*

136 **Lyttus**. Aigle volant à g. ℞. **ΝΟΙΤΤΥΛ**. Tête de sanglier à dr. dans un carré creux perlé. Statère. Arg. B.
Voyez planche IV.

137 **Phaestus**. Tête de taureau de face, dans une aire ronde en creux. ℞. Héraclès nu, debout à dr., tenant sa massue et un arc; dans le champ, grain d'orge et trois globules. Statère. Arg. B.
Voyez planche IV.

138 **Phalasarna**. Tête de Dictinna à dr. ℞. **ΦΑ**. Fer de trident orné. Drachme. 5 gr. 6. Arg. Très belle.
Voyez planche IV.

139 **Polyrhenium**. **ΠΟΛΥΡΗΝΙΩΝ**. Bucrâne orné de bandelettes. ℞. **ΠΟΛΥΡΗΝΙ**. Fer de lance. Drachme. 5 gr. 1. Arg. TB.
Voyez planche IV.

140 **Priansus**. Tête de femme à dr. ℞. Palmier entre un dauphin et une rame. Drachme. Arg. AB.
Voyez planche IV.

141 **Rhaucus**. Poseidon debout à dr., tenant son trident et un cheval par la bride. ℞. **ΡΑΥΚΙΟΝ**. Fer de trident. Statère. Arg. AB.

PONT

142 **Amisus**. Tête de la Tyché de la ville à g. avec le stéphanos. Grènetis. ℞. **ΑΙ-ΡΟ**. Chouette éployée de face. Drachme. Arg. TB.

143 **Rois de Pont**. *Mithridate VI le Grand* (121-63). Sa tête diadémée à dr. ℞. **ΒΑΣΙΛΕΩΣ ΜΙΘΡΑΔΑΤΟΥ ΕΥΠΑΤΟΡΟΣ**. Pégase à g. se désaltérant; dans le champ, étoile, croissant et monogramme, le tout dans une couronne de lierre. Tétradr. Arg. TB.
Voyez planche IV.

PAPHLAGONIE

144 **Amastris**. Tête de Mithra à dr., avec le bonnet phrygien lauré et étoilé. ℞. **ΑΜΑΣΤΡΙΕΩΝ**. Anaïtis nicéphore assise à g. et tenant un sceptre; dans le champ, une fleur. Statère. Arg. Très beau.
Voyez planche IV.

145 **Cromna** Tête laurée de Zeus à g. ℞. **ΚΡΩΜΝΑ**. Buste tourelé de l'amazone Kromna à g. Tétrobole. Arg. B.

146 **Sinope**. Tête de la nymphe Sinope à g.; devant, un aplustre. ℞. **ΣΙΝΩ. ΑΡΙΣΤΟΣ**. Aigle à g. sur un dauphin. Drachme. Arg. TB.

Voyez planche IV.

BITHYNIE

147 **Calchedon**. **ΚΑΛ**. Taureau à g. sur un épi; dessous, **Δ**; devant, **Β** et caducée. ℞. Carré incus divisé en quatre compartiments pointillés. Drachme. Arg. TB.

148 **Cius**. **ΚΙΑ**. Tête laurée d'Apollon à dr. ℞. Proue à g. Hémidr. Arg. TB.

149 **Heracleia Pontica**. Tête barbue d'Héraclès avec la peau de lion à g. ℞. **ΗΡΑΚΛΕΙΑ**. Massue. Obole. Arg. TB.

Voyez planche III.

MYSIE

150 **Apollonia ad Rhyndacum**. Gorgonéion. ℞. **Α**. Ancre et écrevisse. Tétrobole. Arg. TB.

Voyez planche IV.

151 **Cyzicus**. Tête de Perséphone Soteira à g.; dessous, un thon. ℞. **ΚΥ**. Apollon assis à g. sur l'omphalos, tenant une patère et accoudé à sa lyre; devant, un raisin. Statère. Arg. TB. Rare.

Voyez planche IV.

152 **Lampsacus**. Tête janiforme de femme. ℞. Tête casquée d'Athéna à g. dans un carré incus. Drachme. Arg. AB.

153 Même tête janiforme. ℞. **ΛΑΜ**. Tête casquée d'Athéna à dr. Hémidr. Arg. AB.

154 **Parium**. Gorgonéion. ℞. **ΠΑ ΡΙ**. Bœuf à g. se retournant; au-dessous, un épi. Hémidr. Arg. B.

155 **Pergamum**. Ciste mystique dans une couronne de lierre. ℞. Carquois entouré de deux serpents; dans le champ, **ΠΕΡ. ΙΕ** et thyrse. Cistophore. Arg. TB.

TROADE

156 **Abydos**. Buste diadémé d'Artémis pharétrée à dr. ℞. **ΑΒΥΔΗΝΩΝ**.

Aigle marchant à dr. ; devant, un raisin ; dessous, **ΔΙΟΔΩΡΟΥ**, le tout dans une couronne de laurier. Tétradr. Arg. AB. Rare.

Voyez planche IV.

157 **Ilion**. **ΙΛΙ**. Buste casqué de Pallas à g. ℞. Enée à dr. portant Anchise et tenant Ascagne par la main. PB. TB.

Voyez planche IV.

158 **ΙΛΙΕΩΝ**. Buste casqué de Pallas à dr. ℞. **ΕΚΤΩΡ**. Hector nu et casqué, debout à dr., tenant une lance et une épée. PB. TB.

Voyez planche IV.

159 **Tenedos** (*Ile*). Double tête ; celle de g. barbue et celle de dr. imberbe. ℞. **ΤΕΝΕΔΙΩΝ**. Bipenne ; dessous, les bonnets des Dioscures ; à dr., une mouche ; à g., une grappe de raisin, le tout dans une couronne. Drachme. Arg. TB.

Voyez planche IV.

ÆOLIDE

160 **Cyme**. Tête diadémée de Kymé à dr. ℞. **ΚΥΜΑΙΩΝ ΚΑΛΛΙΑΣ**. Cheval bridé à dr., levant le pied ; dessous, un vase, le tout dans une couronne. Tétradr. Arg. TB.

161 **Myrina**. Tête laurée d'Apollon à dr. ℞. **ΜΥΡΙΝΑΙΩΝ**. Apollon à demi nu, debout à dr., tenant une patère et une branche lustrale ; à ses pieds, l'omphalos et une amphore, le tout dans une couronne de laurier. Tétradr. Arg. TB.

LESBOS

162 Deux têtes de veau affrontées ; entre elles, une branche. ℞. Carré incus. Statère. Arg. TB.

163 **Methymna**. **ΜΑΘΥΜΝΑΙΟΣ**. Sanglier à dr. ℞. Tête archaïque de Pallas à dr., dans un carré incus ponctué. Statère. Arg. TB.

Voyez planche IV.

164 **Mytilene**. Tête laurée d'Apollon à dr. ℞. **ΜΥΤΙ**. Lyre. Triobole. Arg. TB.

165 **Nesos** (*Ile*). Tête laurée d'Apollon à g. ℞. **ΝΑΣΙ**. Panthère à dr. se retournant. Triobole. Arg. B.

IONIE

166 **Clazomenae**. Tête d'Apollon de trois quarts à gauche. ℞. **ΚΛΑΖΟΜΝΗ**

ΕΙ ΘΕΟΣ. Cygne battant des ailes, à g. ; dessous, un canthare. Hémidr. Arg. TB.

Voyez planche IV.

167 **Ephesus.** ΕΦ. Abeille. ℞. ΔΙΑΓΟΡΑΣ. Partie antérieure de cerf agenouillé à dr. et retournant la tête; derrière, un palmier. Tétradr. Arg. TB.

Voyez planche IV.

168 **Erythrae**. Tête d'Héraclès jeune à dr. avec la peau de lion. ℞. ΕΡΥ. ΔΙΟΝΥΣΙΟΣ. Massue, arc et carquois; dans le champ, une amphore et une chouette. Drachme. Arg. TB.

Voyez planche IV.

169 **Magnesia.** Cavalier armé galopant à dr. ℞. ΜΑΓΝ. Bison cornupète à g., sur un méandre; derrière, un épi. Hémidr. Arg. AB.

170 **Miletus.** Tête laurée d'Apollon à dr. ℞. ΜΙ. Lion debout à dr., retournant la tête vers un astre; dessous, ΔΙΟΓΕΝΗΣ. Drachme. Arg. B.

171 Tête laurée d'Apollon à g. ℞. Lion à g. retournant la tête vers un astre; dessous, ΠΟΣΙ. Hémidr. Arg.

172 **Phocaea**. Tête et cou d'un ours ? à dr., la gueule ouverte. ℞. Carré incus où semble gravée la partie antérieure d'un ours à g., la tête baissée. Statère. Arg. B.

173 **Smyrna**. Tête tourelée de Kybélé à dr. ℞. ΣΜΥΡΝΑΙΩΝ en 2 lignes et un monogramme dans une couronne de chêne. Tétradr. Arg. TB. Rare. *Voyez planche V.*

174 **Teos.** Griffon accroupi à dr. ℞. Carré incus divisé en quatre compartiments semés de points; sur les bandes de séparation, les légendes ΤΗΙΩΝ et ΑΓΝΩΝ se croisant à angle droit. Drachme. Arg. B.

Voyez planche V.

175 **Chios** (*Ile*). Sphinx accroupi à g. ; devant, une grappe. ℞. ΔΕΡΚΥΛΟΣ ΧΙΟΣ. Amphore et corne d'abondance. Drachme. Arg. TB.

Voyez planche V.

176 **Samos** (*Ile*). Scalp de lion. ℞. ΣΑ. Partie antérieure d'un bœuf agenouillé à dr. ; au-dessus, ΑΘΗΣ; derrière, une branche de laurier, le tout dans un carré incus. Tétradr. Arg. Très beau.

Voyez planche V.

CARIE

177 **Cnidus**. Tête d'Aphrodité à dr. ℞. ΚΝΙ.ΑΥΤΟΚΡΑ. Partie antérieure de lion rugissant à dr. Drachme. Arg. TB.

178 **Satrapes de Carie.** *Hecatomnos* (391-377). ΕΚΑ. Tête de lion à g., la

gueule ouverte. ℞. Astre à quatre rayons dans un carré incus. Drachme. Arg. TB.

Voyez planche V.

179 *Pixodaros* (341-335). Tête d'Apollon de face. ℞. ΠΙΞΟΔΑΡΟ. Zeus Stratios debout à dr., tenant une bipenne et un sceptre. Didr. Arg. TB.

Voyez planche V.

180 **Calymna** (*Ile*). Tête imberbe à dr., couverte d'un casque avec paragnathides. ℞. ΚΑΛΥΜΝΙΟΝ. Lyre dans un carré de points. Didr. Arg. TB.

Voyez planche V.

181 **Cos** (*Ile*). ΚΟΣ. Athlète nu, debout de face, lançant le disque; derrière, un trépied. ℞. Crabe dans un carré incus irrégulier. Tétradr. Arg. B. Rare.

Voyez planche V.

182 Tête d'Asklépios à dr. ℞. ΚΩΙ·ΠΑΡΜΕ·ΑΓΗΣΙ. Serpent enroulé à dr. dans un carré creux. Tétrobole. Arg. TB.

Voyez planche V.

183 **Rhodus** (*Ile*). Tête radiée d'Hélios de face. ℞. ΡΟΔΙΟΝ ΑΜΕΙΝΙΑΣ. Fleur de balaustium avec tige à dr.; dans le champ, à g.; une proue. Tétradr. Arg. TB.

Voyez planche V.

184 Tête radiée d'Hélios de face, regardant à dr. ℞. ΡΟ·ΤΙΜΟΘΕΟΣ. Fleur de balaustium avec tige à dr.; dans le champ, à g., un terme de Priape. Didr. Arg. TB.

185 Tête radiée d'Hélios de trois quarts à dr. ℞. ΡΟ·ΑΙΝΕΑΣ. Rose à quatre pétales épanouie; dans le champ, une tige. Drachme. Arg. TB.

Voyez planche V.

186 **Camirus**. Feuille de figuier avec des Ψ entre les lobes. ℞. Carré incus divisé en deux compartiments oblongs. Statère. Arg. B.

LYDIE

187 **Sardes**. *Crésus* (568-554). Protomés affrontés d'un lion et d'un taureau. ℞. Deux carrés incus juxtaposés. Tiers de statère. Arg. TB.

LYCIE

188 Sanglier à dr. ℞. Triquétra formée par trois têtes de coqs, au milieu d'un carré creux perlé; dans un angle, Λ. Statère. Arg. TB.

Voyez planche V.

189 **Masicytes**. **ΛΥ**. Tête laurée d'Apollon à dr. ℞. **ΜΑ**. Lyre dans un carré incus. Hémidr. Arg. TB.

PAMPHYLIE

190 **Aspendus**. Deux lutteurs nus ; entre eux, **FK**. ℞. **ΕΣΤFΕΔΙΙΥΣ**. Frondeur à dr., ajustant sa fronde ; devant lui, la triquetra, le tout dans un carré de points. Contremarque. Statère. Arg. TB.

Voyez planche V.

191 **Side**. Tête casquée de Pallas à dr. ℞. **ΚΛΕΥΧ**. Niké tenant une couronne, marchant à g. ; devant, une grenade. Tétradr. Arg. B.

PISIDIE

192 **Selge**. Deux lutteurs nus ; entre eux, **Κ**. ℞. **ΣΕΛΓΕΩΝ**. Frondeur à dr., ajustant sa fronde ; devant, triquétra et massue. Grénetis circulaire. Statère. Arg. B.

CILICIE

193 **Mallus**. Femme ailée courant à g. et retournant la tête, tenant un caducée et une couronne. ℞. Bétyle conique avec deux anses, accosté de deux grappes de raisin, le tout dans un champ incus. Statère. Arg. TB.

Voyez planche V.

194 **Nagidus**. Aphrodité assise à g., tenant une patère et couronnée par Eros ; devant elle, une fleur ; sous son siège, un rat. ℞. **ΝΑΓΙΔΙΚΟΝ**. Dionysos barbu appuyé sur son thyrse, et tenant un cep de vigne à g. ; dans le champ, **ΑΘΗ** et **ΠΥ**. Statère. Arg. TB.

Voyez planche I.

195 **Soli**. Tête d'Athéna à dr., le casque à crinière orné d'un griffon. ℞. **ΣΟΛΙ**. Grappe de raisin entourée de pampres. Statère. Arg. TB.

Voyez planche V.

196 **Satrapes de Cilicie**. *Datame*. (378-372). Légende araméenne. Buste casqué d'Arès à dr. ℞. Tête diadémée d'Aréthuse de face, les cheveux épars, le cou orné d'un collier. Statère. Arg. TB.

197 *Mazaios* (361-333). Légende araméenne. Baaltars à demi nu, assis de face, appuyé sur son sceptre et tenant de la main dr. un aigle, un épi et un raisin. ℞. Légende araméenne. Lion à g. terrassant un taureau. Statère. Arg. TB.

Voyez planche V.

CHYPRE

198 **Amathus**. Lion couché à dr. ; au-dessus, une colombe s'envolant à dr. ℞. Protomé de lion rugissant à dr. ℞. Statère. Arg. AB.

199 **Citium**. Héraclès nu et tirant de l'arc à dr. ℞. Lion à dr., dévorant un cerf ; au-dessus, traces de légendes, le tout dans un carré incus. Statère. Arg.

SYRIE

200 **Rois Séleucides**. *Démétrius II Nicator* (2e règne, 130-125). Sa tête barbue et diadémée à dr. ℞. ΒΑΣΙΛΕΩΣ ΔΗΜΗΤΡΙΟΥ ΘΕΟΥ ΝΙΚΑΤΟΡΟΣ. Zeus nicéphore assis à g., appuyé sur son sceptre. Tétradr. Arg. B.

201 *Antiochus VIII Grypus* (125-96). Sa tête diadémée à dr. ℞. ΒΑΣΙΛΕΩΣ ΑΝΤΙΟΧΟΥ ΕΠΙΦΑΝΟΥΣ. Autel de Zeus Dolichenos (dit : Tombeau de Sardanapale), surmonté d'un aigle ; à g., deux monogrammes. Tétradr. Arg. TB.

Voyez planche VI.

202 *Antiochus VIII et Cléopâtre Théa*. Tête voilée et diadémée de Cléopâtre, accolée à la tête diadémée du roi, à dr. ℞. ΒΑΣΙΛΙΣΣΗΣ ΚΛΕΟΠΑΤΡΑΣ ΚΑΙ ΒΑΣΙΛΕΩΣ ΑΝΤΙΟΧΟΥ. Zeus nicéphore assis à g., appuyé sur son sceptre. Tétradr. Arg. B.

203 *Antiochus IX Cyzicène* (116-95). Sa tête diadémée à dr. ℞. ΒΑΣΙΛΕΩΣ ΑΝΤΙΟΧΟΥ ΦΙΛΟΠΑΤΟΡΟΣ. Autel de Zeus Dolichenos surmonté d'un aigle ; à g., deux monogrammes. Tétradr. Arg. TB.

Voyez planche VI.

204 **Rois d'Arménie**. *Tigrane I* (97-56). Son buste à dr. avec tiare radiée ornée d'une étoile et de deux aigles. ℞. ΒΑΣΙΛΕΩΣ ΤΙΓΡΑΝΟΥ. La Tyché d'Antioche assise à dr. et tenant une palme ; à ses pieds, le Génie de l'Oronte nageant, le tout dans une couronne de laurier. Tétradr. Arg. TB.

Voyez planche VI.

COMMAGÈNE

205 Capricorne à dr. ; au-dessus, une étoile. ℞. Scorpion. PB. AB.

206 *Antiochus IV* (de J.-C. 38-72). ΒΑΣΙΛΕΥΣ ΜΕ·ΑΝΤΙΟΧΟΣ ΕΠΙ. Sa tête diadémée à dr. ℞. ΚΟΜΜΑΓΗΝΩΝ. Scorpion ; dessus, Λ ; le tout dans une couronne de laurier. MB. B.

SÉLEUCIDE-PIÉRIE

207 **Seleucia.** Tête voilée et tourelée de la Tyché de la ville à dr. ℞. ΣΕ-ΛΕΥΚΕΩΝ ΤΗΣ ΙΕΡΑΣ ΚΑΙ ΑΥΤΟΝΟΜΟΥ. Foudre diadémé placé sur un trône, le tout dans une couronne de laurier. Tétradr. Arg. TB.

Voyez planche VI.

PHÉNICIE

208 **Aradus** *(Ile).* Buste voilé et tourelé de Tyché à dr. ℞. ΑΡΑΔΙΩΝ. Niké debout à g. tenant l'acrostolium, et une palme ; dans le champ, ΜΣ, deux caractères phéniciens et ΔΠΡ (an 184), le tout dans une couronne de laurier. Tétradr. Arg. TB.

209 **Byblos.** Galère phénicienne montée par trois hoplites, allant à g. ; dessous, un hippocampe ailé à g. ℞. Traces de légende. Lion à g., dévorant un taureau. Statère. Arg. AB. piqué.

Voyez planche V.

210 **Sidon.** Darius III Codoman debout à g. dans un char au pas, conduit par un aurige ; derrière le char, un éphèbe tenant une œnochoé et un sceptre recourbé ; dans le champ, 90 (initiales de Straton). ℞. Galère sans voiles avec des rameurs ; dessous, des flots. Quadruple sicle. Arg. TB.

211 Tête voilée et tourelée de Tyché à dr. ℞. ΣΙΔΩΝΟΣ ΤΗΣ ΙΕΡΑΣ ΚΑΙ ΑΣΥΛΟΥ. Aigle à g. sur un éperon de navire, une palme sur l'aile dr. ; dans le champ, LHM (an 48) et un monogramme. Tétradr. Arg. TB.

Voyez planche VI.

212 **Tripolis.** Bustes laurés et accolés des Dioscures à dr. ℞. ΤΡΙΠΟΛΙ-ΤΩΝ ΤΗΣ ΙΕΡΑΣ ΚΑΙ ΑΥΤΟΝΟ. Tyché tourelée debout à g., tenant la barre d'un gouvernail et une corne d'abondance ; dessous, ΘΕ, le tout dans une couronne de laurier. Tétradr. Arg. TB.

Voyez planche VI.

213 **Tyrus.** Melkart tirant de l'arc, à cheval à dr. sur un hippocampe ailé ; à l'exergue, un dauphin et des flots. ℞. Chouette ; derrière, le sceptre et le fléau égyptiens ; dans le champ, ΙΙΙΟ (an 33). Didr. Arg. TB.

Voyez planche VI.

213 *bis.* Tête laurée et imberbe d'Héraclès tyrien à dr. ℞. ΤΥΡΟΥ ΙΕΡΑΣ ΚΑΙ ΑΣΥΛΟΥ. Aigle debout à g. sur un éperon de navire, une palme

sur l'aile dr.; dans le champ, ΘΙ, massue et monogramme. Tétradr. Arg. TB.

JUDÉE

214 **Jérusalem**. *Simon Macchabée* (143-135). Légende hébraïque. Calice; au-dessus, la date : an 3. ℞. Lég. hébraïque. La verge d'Aaron. Sicle. Arg. B. Retouché.

PERSE

215 **Rois Achéménides**. *Darius I* (521-485). Darius barbu, le nez très aquilin, avec la tiare crénelée, la candys, le carquois derrière l'épaule, tenant l'arc et un long javelot, un genou en terre à dr. ℞. Carré creux oblong. Sicle médique. Arg. TB.

216 **Rois Arsacides**. *Vologèse I* (51-78 de J.-C.). Son buste diadémé et barbu à g. ℞.... ΑΡΣΑΚΟΥ ΕΥΕΡΓΕΤ·ΔΙΚΑΙΟΥ... Le roi assis à dr., recevant une couronne de Tyché tourelée, debout à g.; dans le champ, ΔΞΤ (an 364). Tétradr. Arg. TB.

217 **Rois Sassanides**. *Sapor I* (240-271). Légende pehlvi. Son buste à dr. avec la couronne crénelée à oreillères, surmontée d'un globe. ℞. Légende pehlvi. Pyrée en flammes, entre deux figures debout, armées d'une lance et d'une épée. Drachme. Arg. B.

BACTRIANE

218 *Eucratidès* (185-173). Son buste casqué et drapé à dr. ℞. ΒΑΣΙΛΕΩΣ ΜΕΓΑΛΟΥ ΕΥΚΡΑΤΙΔΟΥ. Les Dioscures galopant à dr.; armés de lances à deux pointes; devant, un monogramme. Tétradr. Arg. TB. Rare.

Voyez planche VI.

219 *Apollodote* (165 av. J.-C.). ΒΑΣΙΛΕΩΣ ΑΠΟΛΛΟΔΟΤΟΥ ΣΩΤΗΡΟΣ. Éléphant à dr.; dessous, PK en monogramme. ℞. Légende bactrienne. Zébu à dr.; dessous, C. Drachme sur flan carré. Arg. TB.

Voyez planche VI.

ÉGYPTE

220 **Rois Lagides**. *Ptolémée I Soter* (305-284). Sa tête diadémée à dr., l'égide

autour du cou. ℞. **ΠΤΟΛΕΜΑΙΟΥ ΒΑΣΙΛΕΩΣ**. Aigle sur un foudre à g. ; devant, un monogramme. Quadruple statère. Or. TB.

Voyez planche VI.

221 *Ptolémée II Philadelphe* (285-247). Tête de Soter diadémée à dr. ℞. **ΠΤΟΛΕΜΑΙΟΥ ΣΩΤΗΡΟΣ**. Aigle sur un foudre à g. ; dans le champ, **ϙ**. Tétradr. Arg. TB.

222 *Arsinoé II*. Sa tête voilée et diadémée à dr. ; derrière, **Ψ**. ℞. **ΑΡΣΙΝΟΗΣ ΦΙΛΑΔΕΛΦΟΥ**. Double corne d'abondance ceinte d'un diadème. Décadr. Arg. B. Beau style, mais piqué.

223 *Ptolémée incertain*. Tête de Zeus Ammon à dr. ℞. **ΠΤΟΛΕΜΑΙΟΥ ΒΑΣΙΛΕΩΣ**. Aigle sur un foudre à g. ; devant, une corne d'abondance ; entre les serres, **Χ**. Bronze, 41 mm. B.

CYRÉNAÏQUE

224 **Barcé**. **ΒΑΡ**. Tête de Zeus Ammon à dr. dans un grènetis. ℞. Silphium ; dans le champ, **Α**. Tétradr. Arg. TB.

Voyez planche VI.

225 **Cyrène**. Zeus debout à g,, tenant une patère et un sceptre ; devant, le thymiatérion. ℞. **ΚΥΡΑΝΙΟΝ**. Niké dans un quadrige au pas à dr. Statère. Or. AB.

226 Tête de Zeus Ammon à dr. ℞. **ΚΥΡΑΝΑ** en trois lignes. Silphium fleuri. Tétradr. Arg. TB. Rare.

Voyez planche VI.

227 Tête laurée d'Apollon à g. ℞. **ΚΥΡΑΣΩ** en 3 lignes. Silphium ; dans le champ, une gerboise. Didr. Arg. TB.

Voyez planche VI.

ZEUGITANE

228 **Carthago**. Protomé de cheval bridé au galop à dr. ; au-dessus, Niké volant à dr. le couronne ; devant, un grain d'orge ; dessous, la légende punique : *Kart-Khadasat*. ℞. Palmier avec ses fruits ; dessous, *Machanat*. Tétradr. Arg. B.

Voyez planche VI.

NUMIDIE

229 *Hiempsal II* (106-60). Tête imberbe, couronnée d'épis à dr. ℞. Cheval

galopant à dr.; dessous, deux lettres puniques. Hémidr. Arg. Très belle.

Voyez planche VI.

230 *Juba I* (60-46). **REX IVBA**. Son buste diadémé et drapé à dr., un sceptre sur l'épaule. ℞. Légende punique. Temple octostyle. Drachme. Arg. TB.

MAURITANIE

231 *Juba II* (25 av. J.-C. — 23 de J.-C.). **REX IVBA**. Sa tête diadémée à dr. ℞. XXXXI. Peau de lion sur une massue, entre un arc et une flèche. Drachme. Arg. TB.

232 *Juba II et Cléopâtre*. **REX IVBA**. Tête diadémée de Juba à dr. ℞. **KΛEO-ΠΑΤΡ. BACIΛICCA**. Crocodile debout à g. Drachme. Arg. Très belle.

Voyez planche VI.

MONNAIES ROMAINES[1]

233 **République**. Tête imberbe et laurée de Janus. ℞. ROMA (en relief). Jupiter tonnant dans un quadrige à dr., conduit par la Victoire (24). Didrachme. Arg. TB.

234 *Calpurnia*. CN.PISO.PROQ. Tête de Numa à dr., avec NVMA sur le diadème. ℞. MAGN.PRO.COS. Proue à dr. (30). Arg. TB.

235 *Claudia*. MARCELLINVS. Tête nue de Claudius Marcellus à dr. ℞. MARCELLVS.COS.QVINQ. Le Consul consacrant les dépouilles opimes de Viridomar (11). Arg. TB.

236 *Cornelia*. CN.BLASIO.CN.F. Tête casquée de Scipion l'Africain à dr. ℞. ROMA. Jupiter debout entre Junon et Pallas (19). Arg. TB.

237 FEELIX. Buste diadémé de Jugurtha à dr. ℞. FAVSTVS. Diane dans un bige au galop à dr. (60). Arg. TB.

238 *Hostilia*. Tête de Vercingétorix à dr. ℞. L.HOSTILIVS.SASERN. Guerrier combattant sur un char gaulois (2). Arg. Très beau.

239 *Junia*. BRVTVS. Tête nue de Brutus l'ancien à dr. ℞. AHALA. Tête nue de Servilius Ahala à dr. (30). Arg. TB.

1. Les numéros entre parenthèses se rapportent à l'ouvrage de M. E. Babelon pour les Consulaires, et à celui de H. Cohen (2e édition) pour les Impériales.

240 *Livineia*. REGVLVS.PR. Tête nue de Livinéius Régulus à dr. ℞. L.LIVINEIVS.REGVLVS. Chaise curule entre deux faisceaux (8). Arg. TB.

241 *Marcia*. ANCVS. Tête diadémée d'Ancus Marcius à dr.; derrière, le lituus. ℞. PHILIPPVS. Statue équestre à dr. sur un aqueduc, avec AQVA.MAR. entre les arches (28). Arg. TB.

242 *Memmia*. C.MEMMI.C.F.QVIRINVS. Tête laurée de Romulus à dr. ℞. MEMMIVS.AED.CERIALIA.PREIMVS.FECIT. Cérès assise à dr. (9). Arg. TB.

243 *Pompeia*. SVLLA.COS. Tête nue de Sylla à dr. ℞. RVFVS.COS.Q.POM.RVFI. Tête nue de Pompéius Rufus à dr. (4). Arg. B.

244 *Tituria*. SABIN. Tête nue de Tatius à dr. ℞. L.TITVRI. Deux Romains enlevant deux Sabines (1). Arg. TB.

245 **Pompée le Grand.** MAG.PIVS.IMP.ITER. Sa tête à dr. entre le simpulum et le lituus. ℞. PRAEF.CLAS.ET.ORAE.MARIT.EX.S.C. Neptune debout à g. entre les frères de Catane, portant leurs parents (17). Arg. Très beau.

Voyez planche VII.

246 **Jules César.** CAESAR.IMP. Sa tête laurée à dr.; derrière, le lituus et le simpulum. ℞. METTIVS. Vénus nicéphore debout à g. (34). Arg. Très beau.

Voyez planche VII.

247 **J. César et Octave.** C.CAESAR.DICT.PERP.PONT.MAX. Tête laurée de César à dr. ℞. C.CAESAR.COS.PONT.AVG. Tête nue d'Octave à dr. (2). Or. B. Rare.

Voyez planche VII.

248 DIVOS.IVLIVS. Tête laurée de César à dr. ℞. CAESAR.DIVI.F. Tête nue d'Octave à dr. (3). GB. TB. Patine vert-bleu.

249 **Domitius Ahenobarbus.** AHENOBAR. Sa tête nue à dr. ℞. CN.DOMITIVS. IMP. Proue à dr., surmontée d'un trophée (Babelon 21). Arg. TB.

250 **Lépide et Octave.** LEPIDVS.PONT.MAX.III.VIR.R.P.C. Sa tête nue à dr. ℞. CAESAR.IMP.III.VIR.R.P.C. Tête nue d'Octave à dr. (2). Arg. TB.

Voyez planche VII.

251 **Cléopâtre et Marc Antoine.** CLEOPATRAE.REGINAE.REGVM.FILIORVM. REGVM. Son buste diadémé à dr. sur une proue. ℞. ANTONI.ARMENIA. DEVICTA. Tête nue d'Antoine à dr.; derrière, une tiare (1). Arg. B. Rare.

252 **Auguste.** IMP.CAESAR. Sa tête nue à dr. ℞. AVGVSTVS. Six épis en gerbe (32). Arg. Médaillon. Beau style. FDC.

Voyez planche VII.

253 CAESAR.AVGVSTVS. Même tête. ℞. SIGNIS.RECEPTIS.S.P.Q.R. Bouclier avec C.L.V. entre un aigle et une enseigne (265). Arg. FDC.

254 DIVVS.AVGVSTVS.PATER. Sa tête radiée à g. ℞. S.C. dans une couronne de chêne (252). MB. TB. Patine vert-brun.

255 **Livie.** IVSTITIA. Son buste diadémé à dr. ℞. TI.CAESAR.DIVI.AVG.F.AVG.P.M.TR.POT.XXIIII. autour de S.C. (4). MB. Très beau. Patine noire.

Voyez planche VII.

256 SALVS.AVGVSTA. Son buste à dr. en cheveux. ℞. Même légende. Dans le champ. S.C. (5). MB. TB. Patine noire.

257 **Agrippa.** M.AGRIPPA.L.F.COS.III. Sa tête nue à g. avec la couronne rostrale. ℞. S.C. Neptune debout à g. tenant un dauphin et un trident (3). MB. TB. Patine vert foncé.

Voyez planche VII.

258 **Agrippa et Auguste.** IMP.DIVI.F.P.P. Têtes adossées d'Auguste lauré et d'Agrippa avec la couronne rostrale. ℞. COL.NEM. Crocodile à dr. attaché à un palmier orné d'une couronne (8 var.). MB. B. Patine foncée.

259 **Tibère.** TI.CAESAR.DIVI.AVG.F.AVGVSTVS. Sa tête laurée à dr. ℞. PONTIF.MAXIM. Livie assise à dr. tenant un sceptre et une fleur (16). Arg. FDC.

260 TI.CAESAR.AVGVSTI.F.IMPERATOR.VII. Sa tête laurée à dr. ℞. ROM.ET.AVG. Autel entre deux colonnes surmontées de Victoires (35). GB. B.

Voyez planche VII.

261 **Néron Drusus.** NERO.CLAVDIVS.DRVSVS.GERMANICVS.IMP. Sa tête laurée à g. ℞. DE GERMANIS. Drapeau entre deux boucliers et des armes (6). Arg. TB.

262 Même légende. Sa tête nue à g. ℞. TI.CLAVDIVS.CAESAR.AVG.P.M.TR.P.IMP.P.P.S.C. Claude assis à g., tenant un rameau et entouré d'armes (8). GB. TB. Patine foncée.

Voyez planche VII.

263 **Antonia.** ANTONIA.AVGVSTA. Son buste à dr. ℞. TI.CLAVDIVS.CAESAR.AVG.P.M.TR.P.IMP.P.P.S.C. Antonia voilée debout à g., tenant le simpulum (6). MB. Très beau. Patine verte.

Voyez planche VII.

264 **Germanicus.** GERMANICVS.CAESAR.TI.AVG.F.DIVI.AVG.N. Sa tête nue à g. ℞. C.CAESAR.DIVI.AVG.PRON.AVG.P.M.TR.P.III.P.P. Grand S.C. (4). MB. TB.

265 **Germanicus et Caligula.** GERMANICVS.CAES.P.C.CAES.AVG.GERM. Sa tête nue à dr. ℞. C.CAESAR.AVG.PON.M.TR.POT.III COS.III. Tête laurée de Caligula à dr. (5). Arg. TB.

266 **Agrippine mère.** AGRIPPINA.M.F.MAT.C.CAESARIS.AVGVSTI. Son buste à dr. ℞. S.P.Q.R.MEMORIAE.AGRIPPINAE. Carpentum attelé de deux mules, à g. (1). GB. B.

Voyez planche VII.

267 **Claude I.** TI.CLAVD.CAESAR.AVG.P.M.TR.P.X.IMP.P.P.. Sa tête laurée à dr. ℞. PACI.AVGVSTAE. Némésis marchant à dr., tenant un caducée et précédée d'un serpent (65). Arg. TB.

268 **Agrippine jeune et Claude**. TI.CLAVD.CAESAR.AVG.GERM.P.M.TRIB.POT.P.P. Tête laurée de Claude à dr. ℞. AGRIPPINAE.AVGVSTAE. Buste d'Agrippine couronné d'épis, à dr. (4). Arg. TB.

Voyez planche VII.

269 **Néron**. NERO.CAESAR.AVGVSTVS. Sa tête laurée à dr. ℞. SALVS. La Santé assise à g., tenant une patère (313). Arg. TB.

270 IMP.NERO.CAESAR.AVG.PONT.MAX.TR.POT.P.P. Sa tête laurée à g. ℞. ADLOCVT.COH.S.C. Néron debout à g. sur une estrade, suivi du préfet du prétoire et haranguant trois soldats devant un temple (6). GB. AB.

Voyez planche VII.

271 NERO.CLAVD.CAESAR.AVG.GER.P.M.TR.P.IMP.P.P. Même tête. ℞. S.C. Arc de triomphe orné de statues et surmonté d'un quadrige entre deux Victoires (306). GB. B.

272 IMP.NERO.CAESAR.AVG.P.MAX.TR.POT.P.P. Même tête. ℞. SECVRITAS.AVGVSTI.S.C. La Sécurité assise à dr. devant un autel (325). MB. B. Patine vert clair.

273 **Galba**. SER.GALBA.IMPERATOR. Sa tête laurée à dr. ℞. CONCORDIA.PROVINCIARVM. La Concorde debout à g. avec ses attributs (34). Arg. TB.

Voyez planche VIII.

274 IMP.SER.SVLP.GALBA.CAES.AVG.TR.P. Son buste lauré et drapé à dr. ℞. LIBERTAS.PVBLICA.S.C. La Liberté debout à g., tenant un bonnet et un sceptre (130). GB. B. Retouché.

275 **Othon**. IMP.OTHO.CAESAR.AVG.TR.P. Sa tête nue à g. ℞. SECVRITAS.P.R. La Sécurité debout à g., tenant une couronne et un sceptre (19). Arg. Très beau.

Voyez planche VIII.

276 IMP.M.OTHO. Sa tête laurée à dr. ℞. S.C. dans une couronne de laurier (29). Antioche. GB. Fruste.

277 **Vitellius**. A.VITELLIVS.GERMAN.IMP.TR.P. Sa tête laurée à dr. ℞. XV.VIR.SACR.FAC. Trépied surmonté d'un dauphin ; dans l'intérieur, un corbeau (112 var.). Arg. TB.

278 A.VITELLIVS.GERMANICVS.IMP.AVG.P.M.TR.P. Son buste lauré et drapé à dr. ℞. PAX.AVGVSTI.S.C. La Paix debout à g. (67) GB. TB.

Voyez planche VII.

279 **Vespasien**. IMP.CAES.VESPASIAN.AVG.P.M.TR.P.P.P.COS.III. Sa tête laurée à dr. ℞. IVDEA.CAPTA.S.C. Palmier entre Vespasien debout et la Judée éplorée assise (239). GB. B.

280 IMP.CAES.VESPASIAN.AVG.COS.III. Sa tête radiée à dr. ℞. VICTORIA.NAVALIS.S.C. Victoire debout à dr. sur une proue (633). MB. Très beau.

Voyez planche VIII.

281 **Vespasien, Titus et Domitien**. IMP.CAESAR.VESPASIANVS.AVG. Sa tête

laurée à dr. ℞. CAESAR.AVG.F.COS.CAESAR.AVG.F.PR. Têtes nues en regard de Titus et de Domitien (5). Arg. Très beau.

Voyez planche VIII.

282 **Titus.** IMP.TITVS.CAES.VESPASIAN.AVG.P.M. Sa tête laurée à dr. ℞. TR.P.IX.IMP.XV.COS.VIII.P.P. Éléphant à g. (300). Arg. TB.

283 IMP.T.CAES.VESP.AVG.P.M.TR.P.P.P.COS.VIII. Sa tête laurée à g. ℞. PIETAS.AVGVST.S.C. Domitille debout de face entre Titus et Vespasien tenant chacun un sceptre et se donnant la main (152). GB. B. Patine noire.

Voyez planche VIII.

284 **Julie.** (*Fille de Titus*). IVLIA.AVGVSTA.TITI.AVGVSTI.F. Son buste diadémé à dr. avec la queue. ℞. VENVS.AVGVST. Vénus à demi nue, vue par derrière, appuyée sur un cippe et tenant un casque et un sceptre (14). Arg. AB.

285 **Domitien.** IMP.CAES.DOMIT.AVG.GERM.P.M.TR.P.VII. Sa tête laurée à dr. ℞. IMP.XIIII.COS.XIIII.CENS.P.P.P. Pallas debout à g. tenant un foudre et une haste (234). Arg. FDC.

286 CAESAR.AVG.F.DOMITIAN.COS.II. Sa tête laurée à g. ℞. PAX.AVGVST.S.C. La Paix debout à g., appuyée sur une colonne et tenant un caducée et une branche d'olivier (347 var.). MB. B. Patine vert clair.

287 **Nerva.** IMP.NERVA.CAES.AVG.P.M.TR.P.COS.III.P.P. Sa tête laurée à dr. ℞. AEQVITAS.AVGVSTI. L'Équité debout à g. avec ses attributs (6). Arg. TB.

288 Même légende et même tête. ℞. VEHICVLATIONE.ITALIAE.REMISSA.S.C. Deux mules paissant en sens contraire; derrière, deux timons de char (143). GB. B. Patiné.

289 **Trajan.** IMP.TRAIANO.AVG.GER.DAC.P.M.TR.P.COS.VI.P.P. Son buste lauré à dr. ℞. S.P.Q.R.OPTIMO.PRINCIPI. La colonne trajane (558). Arg. TB.

290 IMP.CAES.NERVA.TRAIAN.AVG.GERM.DACICVS. Son buste lauré à dr. ℞. TR.P.VII.IMP.IIII.COS.V.P.P.S.C. La Paix assise à g., tenant un rameau et un sceptre (602). GB. B. Patine verte.

291 **Plotine.** PLOTINA.AVG.IMP.TRAIANI. Son buste diadémé à dr. ℞. CAES.AVG.GERMA.DAC.COS.VI.P.P. Vesta assise à g., tenant le palladium et un sceptre (3). Arg. B. Rare.

Voyez planche VIII.

292 **Marciane.** DIVA.AVGVSTA.MARCIANA. Son buste diadémé à dr. ℞. CONSECRATIO.S.C. Aigle éployé à g. (6). GB. Fruste.

293 **Matidie.** MATIDIA.AVG.DIVAE.MARCIANAE.F. Son buste diadémé à dr. ℞. PIETAS.AVGVST. Matidie de face, posant les mains sur les têtes de Sabine et de Matidie jeune, debout (10). Arg. B. Rare.

Voyez planche VIII.

294 **Adrien.** HADRIANVS.AVG.COS.III.P.P. Son buste nu et drapé à dr. ℞. AEGYPTOS. L'Égypte étendue à g., tenant un sistre et appuyée sur une corbeille; devant elle, un ibis (102). Arg. TB.

295 HADRIANVS.AVGVSTVS. Sa tête laurée à g. ℞. FELICITATI.AVG.COS.III.P.P.S.C. Vaisseau allant à g. (698 var.). GB. Très beau. Patine vert foncé.

Voyez planche VIII.

296 **Sabine.** SABINA.AVGVSTA. Son buste diadémé à dr. avec la queue. ℞. VENERI.GENETRICI. Vénus debout à g. (73). Arg. TB.

297 SABINA.AVGVSTA.HADRIANI.AVG.P.P. Même buste. ℞. VESTA.S.C. Vesta assise à g., tenant le palladium et un sceptre (82). GB. B. Patine verte.

298 **Ælius.** L.AELIVS.CAESAR. Sa tête nue à dr. ℞. TR.POT.COS.II.S.C. L'Espérance marchant à g. (56). GB. TB. Patine verte.

Voyez planche VIII.

299 **Antonin.** ANTONINVS.AVG.PIVS.P.P.TR.P.XII. Son buste lauré à dr. ℞. COS.IIII. La Santé debout à g., nourrissant un serpent enroulé autour d'un autel (281). Arg. FDC.

300 **Faustine mère.** DIVA.FAVSTINA. Son buste voilé à dr. ℞. AETERNITAS. Sceptre sur un trône; devant, un paon (61). Arg. FDC.

301 **Marc-Aurèle.** IMP.M.AVREL.ANTONINVS.AVG. Sa tête nue à dr. ℞. CONCORD.AVG.TR.P.XVI.COS.III. La Concorde assise à g. (30). Arg. FDC.

302 **Faustine jeune.** FAVSTINAE.AVG.PII.AVG.FIL. Son buste en cheveux à dr. ℞. PVDICITIA. La Pudeur debout à g. (176 var.). Arg. TB.

303 FAVSTINA.AVGVSTA. Son buste à dr., les cheveux ondés. ℞. TEMPOR.FELICIT.S.C. Faustine debout à g. entre quatre jeunes filles et en tenant deux autres dans ses bras (222). GB. TB. Beau style; patine verte.

Voyez planche VIII.

304 **L. Vérus.** L.VERVS.AVG.ARM.PARTH.MAX. Sa tête laurée à dr. ℞. PAX.TR.P.VI.IMP.IIII.COS.II. La Paix debout à g. (126). Arg. TB.

305 DIVVS.VERVS. Sa tête nue à dr. ℞. CONSECRATIO.S.C. Aigle debout sur un globe (56). GB. TB. Patine vert clair.

Voyez planche VIII.

306 **Lucille.** LVCILLAE.AVG.ANTONINI.AVG.F. Son buste à dr. ℞. PIETAS. La Piété voilée à g., près d'un autel (50). Arg. TB.

Voyez planche IX.

307 Même légende et même buste. ℞. VOTA.PVBLICA dans une couronne de laurier (98). Arg. TB.

308 LVCILLA.AVGVSTA. Son buste à dr. ℞. FECVNDITAS.S.C. La Fécondité assise à dr. entre deux enfants (23). GB. TB. Patine bleue.

Voyez planche VIII.

309 **Commode**. M.COMM.ANT.P.FEL.AVG.BRIT. Sa tête laurée à dr. ℞. FORTVNAE.MANENTI.C.V.P.P. La Fortune assise à g., tenant un cheval par la bride. Inédit en argent. TB.

310 COMMODVS.ANT.P.FELIX.AVG.BRIT. Sa tête laurée à dr. ℞. FORT.RED.P.M.TR.P.XIII.IMP.VIII.COS.V.P.P.S.C. La Fortune assise à g. (153). GB. TB.

311 **Crispine**. CRISPINA.AVG. Son buste à dr. ℞. CONCORDIA. Deux mains jointes (9). Arg. TB.

312 CRISPINA.AVGVSTA. Même buste. ℞. HILARITAS. L'Allégresse debout à g. avec ses attributs (18). Arg. TB.

313 Même droit. ℞. CONCORDIA.S.C. La Concorde assise à g., tenant une patère et une corne d'abondance (6). GB. TB.

Voyez planche VIII.

314 **Pertinax**. IMP.CAES.P.HELV.PERTIN.AVG. Sa tête laurée à dr. ℞. AEQVIT.AVG.TR.P.COS.II. L'Équité debout à g. (2). Arg. TB. Rare.

Voyez planche IX.

315 IMP.CAES.P.HELV.PERTINAX.AVG. Même tête. ℞. LAETITIA.TEMPORVM.COS.II.S.C. La Joie debout à g. (21). GB. B. Patine noire.

Voyez planche VIII.

316 **Dide Julien**. IMP.CAES.M.DID.IVLIAN.AVG. Sa tête laurée à dr. ℞. P.M.TR.P.COS. La Fortune debout à g. (10). Arg. B. Rare.

Voyez planche IX.

317 **Manlia Scantilla**. MANLIA.SCANTILLA.AVG. Son buste à dr. ℞. IVNO.REGINA.S.C. Junon debout à g.; à ses pieds, un paon (3). GB. B. Bon portrait. Rare.

318 **Didia Clara**. DIDIA.CLARA.AVG. Son buste à dr. ℞. HILAR.TEMPOR.S.C. L'Allégresse debout à g. (4). GB. B. Beau style. Rare.

Voyez planche IX.

319 **Pescennius Niger**. IMP.CAES.C.PESC.NIGER.IVST.AVG. Sa tête laurée à dr. ℞. VICTORIAE.AVG. Victoire debout à g. (75). Arg. TB. Rare.

Voyez planche IX.

320 **Albin**. IMP.CAES.D.CLO.SEP.ALB.AVG. Sa tête laurée à dr. ℞. FIDES.LEGION.COS.III. Deux mains jointes avec une aigle légionnaire sur un foudre (24). Arg. FDC.

321 **Septime Sévère**. SEVERVS.PIVS.AVG. Sa tête laurée à dr. ℞. FVNDATOR.PACIS. Sévère voilé debout à g. (205). Arg. FDC.

322 Même droit. ℞. PROVIDENTIA. Tête de Méduse (290). Arg. B. Rare.

323 L.SEPT.SEVERVS.PIVS.AVG. Sa tête laurée à dr. ℞. P.M.TR.P.XVIII.COS.III.P.P.S.C. Sévère et ses deux fils, sur une estrade, haranguant trois soldats (559). GB. B. Patine verte.

324 **Julie Domne**. IVLIA.PIA.FELIX.AVG. Son buste à dr. ℞. MATRI.DEVM.

Cybèle appuyée sur une colonne à g. ; à ses pieds, un lion (137). Arg. FDC.

325 **Caracalla.** ANTONINVS.PIVS.AVG.GERM. Sa tête laurée à dr. ℞. LIBERAL.AVG.VIIII. La Libéralité debout à g. (139). Arg. FDC.

326 M.AVREL.ANTONINVS.PIVS.AVG.GERM. Son buste lauré et cuirassé à dr. ℞. P.M.TR.P.XVIII.IMP.III.COS.IIII.P.P.S.C. Caracalla debout sur un crocodile, recevant deux épis des mains de l'Égypte (334). GB. TB. Patine vert foncé.

327 **Plautille.** PLAVTILLA.AVGVSTA. Son buste à dr. ℞. VENVS.VICTRIX. Vénus debout à g. ; devant elle, Cupidon tenant un casque (25). Arg. FDC.

328 **Géta.** P.SEPT.GETA.CAES.PONT. Son buste à dr. ℞. NOBILITAS. Femme debout à g., tenant le palladium (90). Arg. FDC.

329 **Macrin.** IMP.C.M.OPEL.SEV.MACRINVS.AVG. Son buste lauré et cuirassé à dr. ℞. SECVRITAS.TEMPORVM. La Sécurité debout à g. (122). Arg. FDC.

330 **Diaduménien.** M.OPEL.ANT.DIADVMENIAN.CAES. Son buste nu à dr. ℞. SPES.PVBLICA. L'Espérance marchant à g. (21 var.). Arg. FDC.

331 **Élagabale.** ANTONINVS.PIVS.FEL.AVG. Son buste lauré et cuirassé à dr. ℞. SANCT.DEO.SOLI.ELAGABAL. Pierre conique sur un quadrige (268). Arg. B.

332 **Julia Paula.** IVLIA.PAVLA.AVG. Son buste à dr. ℞. VENVS.GENETRIX. Vénus assise à g. (21). Arg. FDC.

333 **Aquilia Sévéra.** IVLIA.AQVILIA.SEVERA.AVG. Son buste à dr. ℞. CONCORDIA. La Concorde sacrifiant à g. (2). Arg. FDC.

Voyez planche IX.

334 **Annia Faustina.** ANNIA.FAVSTINA.AV. Son buste à dr. ℞. COL.AVR.PIA.METRO.SID. Astarté dans un char (Sidon). MB. Fruste.

335 **Soémias.** IVLIA.SOAEMIAS.AVG. Son buste à dr. ℞. VENVS.CAELESTIS. Vénus debout à g. (8). Arg. FDC.

336 **Maesa.** IVLIA.MAESA.AVG. Son buste à dr. ℞. SAECVLI.FELICITAS. La Félicité sacrifiant à g. (45). Arg. FDC.

337 IVLIA.MAESA.AVGVSTA. Son buste diadémé à dr. ℞. PIETAS.AVG.S.C. La Piété sacrifiant à g. (31). GB. B. Patine vert-clair.

338 **Alexandre Sévère.** IMP.ALEXANDER.PIVS.AVG. Son buste lauré à dr. ℞. SPES.PVBLICA. L'Espérance marchant à g. (543). Arg. TB.

339 IMP.SEV.ALEXANDER.AVG. Même buste. ℞. VIRTVS.AVGVSTI.S.C. L'Empereur debout à g. (592). GB. B. Patine vert pâle.

340 **Orbiane.** SALL.BARBIA.ORBIANA.AVG. Son buste diadémé à dr. ℞. CONCORDIA.AVGG. La Concorde assise à g. (1). Arg. FDC.

341 Même droit. ℞. CONCORDIA.AVGVSTORVM.S.C. Même type (5). MB. B.

342 **Mamée.** IVLIA.MAMAEA AVG. Son buste diadémé à dr. ℞. VESTA. Vesta debout à g. (85). Arg. FDC.

343 IVLIA.MAMAEA.AVGVSTA. Même buste. ℞. FELICITAS.PVBLICA.S.C. La Félicité debout à g. (21). GB. TB Patine bleue.

Voyez planche IX.

344 **Maximin I.** MAXIMINVS.PIVS.AVG.GERM. Son buste lauré et cuirassé à dr. ℞. PAX.AVGVSTI. La Paix debout à g. (37). Arg. TB.

345 IMP.MAXIMINVS.PIVS.AVG. Son buste lauré à dr. ℞. PROVIDENTIA.AVG. La Providence debout à g. (77). Arg. FDC.

346 MAXIMINVS.PIVS.AVG.GERM. Son buste lauré et cuirassé à dr. ℞. PAX. AVGVSTI.S.C. La Paix debout à g. (38). GB. B. Patine verte.

347 IMP.MAXIMINVS.PIVS.AVG. Même buste. ℞. VICTORIA.AVG.S.C. Victoire courant à dr. (101). MB. AB. Patine vert bleu.

348 **Pauline.** DIVA.PAVLINA. Son buste voilé à dr. ℞. CONSECRATIO. Pauline assise à g. sur un paon (2). Arg. Très beau.

Voyez planche IX.

349 Même droit. ℞. CONSECRATIO.S.C. Même revers (3). GB. TB.

350 **Maxime.** IVL.VERVS.MAXIMVS.CAES. Son buste nu à dr. ℞. PIETAS.AVG. Instruments de sacrifice (1). Arg. TB.

Voyez planche IX.

351 MAXIMVS.CAES.GERM. Même buste. ℞. PRINCIPI.IVVENTVTIS.S.C. Maxime debout à g.; derrière lui, deux enseignes (14). GB. TB. Patine verte.

352 **Gordien d'Afrique fils.** IMP.M.ANT.GORDIANVS.AFR.AVG. Son buste lauré à dr. ℞. PROVIDENTIA.AVGG. La Providence debout de face (5). Arg. TB. et très rare.

Voyez planche IX.

353 **Balbin.** IMP.CAES.D.CAEL.BALBINVS.AVG. Son buste radié et cuirassé à dr. ℞. CONCORDIA.AVGG. Deux mains jointes (3). Arg. FDC.

354 IMP.C.D.CAEL.BALBINVS.AVG. Son buste lauré et cuirassé à dr. ℞. PROVIDENTIA.DEORVM. La Providence debout à g. (23). Arg. FDC.

355 **Pupien.** IMP.CAES.M.CLOD.PVPIENVS.AVG. Son buste radié et cuirassé à dr. ℞. AMOR.MVTVVS.AVGG. Deux mains jointes (1). Arg. Très beau.

356 **Gordien III.** IMP.GORDIANVS.PIVS.FEL.AVG. Son buste lauré à dr. ℞. VIRTVTI.AVGVSTI. Hercule nu, debout à dr. (403). Arg. FDC.

357 **Philippe père.** IMP.PHILIPPVS.AVG. Son buste radié à dr. ℞. SAECVLVM. NOVVM. Temple de Jupiter, hexastyle (198) Arg. FDC.

358 IMP.M.IVL.PHILIPPVS.AVG. Son buste lauré à dr. ℞. VOTIS.DECENNALIBVS.S.C. dans une couronne de laurier (246). GB. TB. Patine verte.

359 **Otacilie.** OTACIL.SEVERA.AVG. Son buste diadémé à dr. avec le croissant. ℞. SAECVLARES.AVGG. Hippopotame à dr. (64). Arg. FDC.

360 MARCIA.OTACIL.SEVERA.AVG. Son buste diadémé à dr. ℞. PVDICITIA.AVG. S.C. La Pudeur assise à g. (55). GB. TB. Patine verte.

Voyez planche IX.

361 **Philippe fils**. M.IVL.PHILIPPVS.CAES. Son buste radié à dr. ℞. PIETAS. AVGVSTOR. Instruments de sacrifice (302). Bill. TB.

362 **Trajan Dèce**. IMP.C.M.Q.TRAIANVS.DECIVS.AVG. Son buste radié et cuirassé à dr. ℞. DACIA. La Dacie debout à g. (16). Bill. FDC.

363 Même droit. ℞. VICTORIA.AVG.S.C. Victoire courant à g. (115). Br. médaillon. B. Patine brune.

364 **Etruscille**. HER.ETRVSCILLA.AVG. Son buste diadémé à dr. avec le croissant. ℞. La Fécondité debout à g. (8). Bill. B.

365 HERENNIA.ETRVSCILLA.AVG. Son buste diadémé à dr. ℞. FECVNDITAS. AVG.S.C. Même type (9). GB. B.

366 **Hérennius Etruscus**. Q.HER.ETR.MES.DECIVS.NOB.C. Son buste radié à dr. ℞. CONCORDIA.AVGG. Deux mains jointes (4). Bill. FDC.

367 Même légende. Son buste nu, cuirassé à dr. ℞. PRINCIPI.IVVENTVTIS. S.C. Hérennius debout à g. (28). GB. B. Patine vert bleu.

368 **Hostilien**. C.VALENS.HOSTIL.MES.QVINTVS.N.C. Son buste radié à dr. ℞. MARTI.PROPVGNATORI. Mars marchant à dr. (15). Bill. TB.

369 **Trébonien Galle**. IMP.CAE.C.VIB.TREB.GALLVS.AVG. Son buste radié à dr. ℞. LIBERTAS.AVGG. La Liberté debout à g. (67). Bill. TB.

370 **Volusien**. IMP.CAE.C.VIB.VOLVSIANO.AVG. Son buste radié à dr. ℞. CONCORDIA.AVGG. La Concorde debout à g. (20). Bill. FDC.

371 **Emilien**. IMP.AEMILIANVS.PIVS.FEL AVG. Son buste radié à dr. ℞. ROMAE.AETERN. Rome debout à g. (41). Bill. TB.

372 **Valérien père**. IMP.C.P.LIC.VALERIANVS.P.F.AVG. Son buste radié à dr. ℞. FELICITAS.AVGG. La Félicité debout à g. (53). Bill. FDC.

373 **Mariniane**. DIVAE.MARINIANAE. Son buste voilé à dr. avec le croissant. ℞. CONSECRATIO. Paon de face (3). Bill. FDC.

374 **Gallien**. GALLIENVS.P.F.AVG. Son buste radié et cuirassé à dr. ℞. GERMANICVS.MAX.V. Trophée (308). Bill. FDC.

375 **ΑΥΤ·Κ·Π·ΛΙΚ·ΓΑΛΛΙΗΝΟϹ**. Son buste lauré et drapé à dr. ℞. **ЄΠ. Μ·ΑΥΡ·ϹЄΙϹΤΟΥ·ϹΜΥΡΝΑΙΩΝ·Γ·ΝЄΩΚΟΡ**. Galère à la voile allant à g. (Smyrne). MB. TB.

376 **Salonine**. SALONINA. AVG. Son buste diadémé à dr. avec le croissant. ℞. FECVNDITAS.AVG. La Fécondité à droite avec deux enfants (44). Bill. TB.

377 **Salonin**. VALERIANVS.CAES. Son buste radié à dr. ℞. IOVI.CRESCENTI. Jupiter enfant sur la chèvre Amalthée (26). Bill. TB.

378 **Macrien jeune**. IMP.C.FVL.MACRIANVS.P.F.AVG. Son buste radié à dr. ℞. SOL.INVICTO. Le Soleil debout à g. (12). Bill. TB. et rare.

Voyez planche IX.

379 **Quiétus**. IMP.C.FVL.QVIETVS.P.F.AVG. Son buste radié à dr. ℞. IOVI. CONSERVATORI. Jupiter assis à g. (8). Bill. TB.

Voyez planche IX.

380 **Postume**. IMP.C.POSTVMVS.P.F.AVG. Son buste radié à dr. ℞. PACATOR. ORBIS. Buste du Soleil à dr. (214). Bill. TB.

381 Même droit. ℞. SALVS.POSTVMI.AVG. La Santé à dr. (350). Bill. TB.

382 IMP.C.M.CASS.LAT.POSTVMVS.P.F.AVG. Même buste. ℞. LAETITIA.AVG. Vaisseau avec quatre rameurs et un pilote (177). GB. B.

383 Mêmes types avec IMP.C.POSTVMVS.P.F.AVG. (167). Bill. TB.

384 **Lélien**. IMP.C.LAELIANVS.P.F.AVG. Son buste radié et cuirassé à dr. ℞. VICTORIA.AVG. Victoire courant à dr. (4). PB. TB.

385 La même pièce. PB. TB.

386 **Victorin**. La Foi militaire debout à g. (36). PB. TB.

387 **Marius**. Victoire debout à g. (21 var.). PB. TB.

388 **Tétricus père**. La Santé debout à g. (156 var.). PB. TB.

389 — VICTORIA.AVG. Victoire marchant à g. (187). PB. TB.

390 **Claude II**. La Félicité debout à g. (77, 80). PB. — 2 p. TB.

391 **Quintille**. FIDES.MILIT. La Foi militaire debout à g. (25). PB. TB.

392 **Aurélien**. Le Soleil (142). — Victoire (255). — Ens. 2 p. Bill. TB.

393 — Aurélien donnant la main à Sévérine (35). MB. TB. Patine verte.

394 **Aurélien et Sévérine**. Buste radié et cuirassé d'Aurélien à dr. ℞. Buste diadémé de Sévérine à dr. (1). GB. TB.

395 **Vabalathe et Aurélien**. Buste lauré de Vabalathe à dr. ℞. Buste radié d'Aurélien à dr. (1). PB. TB.

396 **Tacite**. L'Équité debout à g. (5). PB. FDC.

397 **Florien**. TEMPORVM.FELICITAS. La Félicité à dr. (88). PB. FDC.

398 **Probus**. VIRTVS.AVG. La Valeur debout à g. (829). PB. FDC.

399 — SOLI.INVICTO. Le Soleil dans un quadrige à g. (642). PB. TB.

400 **Carus**. VICTORIA.AVGG. Victoire debout à g. (104). PB. B.

401 **Numérien**. VNDIQVE.VICTORES. Numérien debout à g. (118). PB. TB.

402 **Carin**. FELICIT.PVBLICA. La Félicité à g. (24). PB. Saucé. TB.

403 **Magnia Urbica**. MAGNIA.VRBICA.AVG Son buste diadémé à dr. avec le croissant. ℞. VENVS. GENETRIX. Vénus debout à g. (11). PB. TB. Rare.

Voyez planche IX.

404 **Nigrinien**. DIVO.NIGRINIANO. Buste radié à dr. ℞. CONSECRATIO. Aigle éployé de face (2). PB. TB. Rare.

Voyez planche IX.

405 **Dioclétien**. DIOCLETIANVS.AVG. Sa tête laurée à dr. ℞. VICTORIA.SARMAT. Quatre soldats sacrifiant devant une porte de camp (487). Arg. TB.

406 — La Providence et une femme debout (425). MB. TB.

407 **Maximien Hercule**. MAXIMIANVS.AVG. Tête laurée à dr. ℞. XC.VI en deux lignes dans une couronne de laurier (697 var). Arg. FDC.

Voyez planche IX.

408 — Femme debout à g., tenant des fruits de chaque main (510). MB. TB.

409 **Carausius.** IMP.C.CARAVSIVS.P.F.AVG. Buste radié à dr. ℞. IIIOVIIAVG. Femme debout à g., tenant un sceptre transversal et un globe. PB. inédit ? B.

Voyez planche IX.

410 **Allectus.** IMP.C.ALLECTVS.P.F.AVG. Son buste radié à dr. ℞. TEMPORVM. FELIC. La Félicité debout à g. (72). PB. TB.

Voyez planche IX.

411 **Constance Chlore.** CONSTANTIVS.CAESAR. Sa tête laurée à dr. ℞. VIRTVS MILITVM. Quatre soldats sacrifiant devant une porte de camp (315 var.). Arg. TB.

412 — MEMORIA.FELIX. Autel entre deux aigles (179 var.). MB. TB.

413 **Hélène.** Buste diadémé à dr. ℞. La Sécurité à g. (12). PB. TB.

414 **Galère Maximien.** MAXIMIANVS.CAES. Sa tête laurée à dr. ℞. VIRTVS MILITVM. Quatre soldats sacrifiant devant une porte de camp (219). Arg. B.

415 — La Monnaie debout à g. (188). MB. TB.

416 **Valérie.** VENERI.VICTRICI. Vénus debout à g. (2 varié). MB. TB.

417 **Sévère II.** Génie tourelé sacrifiant à g. (43). MB. TB.

418 **Maximin II Daza.** Le Soleil dans un quadrige de face (175). Bill. TB.

419 — Mars portant un trophée, marchant à dr. (191). MB. TB.

420 **Maxence.** L'Afrique debout à g. (46). MB. TB.

421 **Romulus.** DIVO.ROMVLO.NVBIS.CONS. Sa tête nue à dr. ℞. AETERNAE.MEMORIA. Temple rond surmonté d'un aigle (16). MB. TB. Patiné.

422 **Licinius père.** IOVI.CONSERVATORI. Jupiter assis sur son aigle (99). Bill. TB.

Voyez planche IX.

423 — GENIO.IMPERATORIS. Génie debout à g. (43). MB. TB.

424 **Licinius fils.** Jupiter à g. entre un aigle et un captif (21). PB. TB.

425 **Constantin I.** CONSTANTINVS.AVG. Son buste casqué et lauré à dr. ℞. VICTORIAE.LAETAE.PRINC.PERP. Deux Victoires posant un bouclier su. un cippe (641). Or, petit module. B.

Voyez planche IX.

426 CONSTANTINVS.NOB.C. Sa tête laurée à dr. ℞. VIRTVS.MILITVM. Porte de camp (706). Arg. FDC.

Voyez planche X.

427 IMP.CONSTANTINVS.AVG. Son buste casqué à g. ℞. Deux Victoires (643) Bill. TB.

428 — Constantin debout à dr. (416) MB. TB.

429 — Mars marchant à dr. (670). MB. TB.

430 — Le Soleil à g. (546) et variété avec la tête casquée de Constantin à g. PB. — Ens. 2 p. B et TB.

431 — VN.MR. Femme voilée debout à g. (716) PBQ. B.
432 *Constantinople*. Buste casqué à g. ℞. Deux soldats (4). PB. TB.
433 Même droit. ℞. Victoire à g. (21). PB. TB.
434 *Rome*. Buste casqué à g. ℞. La louve à g. (18). PB. FDC.
435 **Fausta**. FLAV.MAX.FAVSTA.AVG. Buste à dr. ℞. SPES.REIPVBLICAE. Fausta à g., portant deux enfants (15). PB. FDC.
436 FAVSTA.N.F. Même buste, les cheveux ondulés. ℞. Étoile dans une couronne de laurier (25). PB. TB. Rare.

Voyez planche X.

437 **Crispus**. Buste lauré à g. ℞. Autel (22). PB. FDC.
438 **Delmace**. FL.DELMATIVS.NOB.C. Buste lauré à dr. ℞. GLORIA.EXERCITVS. Deux soldats (12). PB. B.
439 **Hanniballien**. FL.HANNIBALLIANO.REGI. Buste nu à dr. ℞. SECVRITAS. PVBLICA. L'Euphrate couché (2) PB. B. Rare.
440 **Constantin II**. Sans légende. Tête diadémée à dr. ℞. CONSTANTINVS. CAESAR. Quatre enseignes militaires (81 var.). Arg. médaillon. 4 gr. 80. TB. En haut, deux trous.

Voyez planche X.

441 Même droit. ℞. Même légende. Victoire marchant à g. (76). Arg. B. Trou rebouché.
442 Buste lauré à g. ℞. Autel (24). PB. FDC.
443 Buste lauré à dr. ℞. VOT.XX. (101). PB. FDC.
444 **Constant I**. FL.IVL.CONSTANS.P.F.AVG. Buste diadémé à dr. ℞. VICTORIA. DD.NN.AVGG. Victoire à g. (152). Arg. FDC.
445 **Constance II**. D.N.CONSTANTIVS.P.F.AVG. Buste diadémé à dr. ℞. VOTIS.XXX.MVLTIS.XXXX. dans une couronne (342). Arg. FDC.
446 **Népotien**. Rome à g. (3). MB. Fruste, troué. Rare.
447 **Vétranion**. D.N.VETRANIO.P.F.AVG. Son buste lauré à dr. ℞. HOC.SIGNO. VICTOR.ERIS. L'empereur couronné par la Victoire (4). MB. TB. Rare.

Voyez planche X.

448 **Magnence**. D.N.MAGNENTIVS.P.F.AVG. Son buste nu à dr. ℞. VIRTVS. EXERCITI. La Valeur debout (81). Arg. TB.
449 Même droit. ℞. SALVS.DD.NN.AVG.ET.CAES. Monogramme du Christ entre A et ω. (30). GB. TB.
450 — Magnence galopant à dr. et perçant un ennemi (20). MB. B.
451 **Décence**. Buste nu à dr. ℞. Monogr. du Christ (13). GB. FDC.
452 **Julien II**. D.N.CL.IVLIANVS NOB.CAES. Sa tête nue à dr. ℞. VOTIS.V. MVLTIS.X. dans une couronne de laurier (156 var.). Arg. TB.
453 — Buste barbu à dr. ℞. Le bœuf Apis à dr. (38). GB. TB.
454 **Jovien**. D.N.IOVIANVS.P.F.AVG. Son buste diadémé à dr. ℞. VOT.V MVLT.X, dans une couronne (33). Arg. TB.

455 **Valentinien I**. D.N.VALENTINIANVS.P.F.AVG. Buste diadémé à dr. ℞. VOT.XV.MVLT.XX, dans une couronne (75 var.). Arg. FDC.

456 — RESTITVTOR.REIPVBLICAE. Valentinien debout à dr. (30). GB. B. Patine verte.

457 **Valens**. D.N.VALENS.P.F.AVG. Son buste diadémé à dr. ℞. VIRTVS.EXERCITVS. Valens debout de face (71). Arg. médaillon. 4 gr. 43. Très beau. Rare.

Voyez planche X.

458 — VRBS.ROMA. Rome nicéphore assise à g. (109). Arg. FDC.

459 — RESTITVTOR.REIPVBLICAE. Valens debout à dr. (39). GB. TB.

460 **Procope**. D.N.PROCOPIVS.P.F.AVG. Son buste diadémé à dr. ℞. VOT.V. dans une couronne (14). Arg. TB.

Voyez planche X.

461 **Gratien**. D.N.GRATIANVS.P.F.AVG. Son buste diadémé à dr. ℞. VRBS. ROMA. Rome nicéphore assise à g. (86). Arg. TB.

462 **Valentinien II**. L'empereur dans une barque (22). MB. TB.

463 **Théodose I**. D.N.THEODOSIVS.P.F.AVG. Son buste diadémé à dr. ℞. CONCORDIA.AVGG. Constantinople assise de face (4). Arg. TB.

464 — L'empereur dans une nef dirigée par la Victoire (19). MB. TB.

465 **Flaccille**. AEL.FLACCILLA.AVG. Son buste diadémé à dr. ℞. SALVS.REIPVBLICAE. Flacille debout de face ; à l'exergue ALEB (6). MB. TB.

466 Variété d'un style différent ; CONSK à l'exergue (6). MB. TB.

467 **Eugène**. D.N.EVGENIVS.P.F.AVG. Son buste diadémé à dr. ℞. VIRTVS. ROMANORVM. Rome nicéphore assise à g. (14). Arg. TB.

468 **Justin I**. D.N.IVSTINVS.P.F.AVG. Son buste diadémé à dr. ℞. Chrisme entre deux étoiles. Arg. Quinaire. TB.

469 **Justinien I**. D.N.IVSTINIANVS.P.F.AVG. Son buste diadémé à dr. ℞. C.N. dans une couronne. Silique. Arg. TB.

470 **Jean I**. EMMANOVEΛ+IC-XC. Buste du Christ de face. ℞. +IHSЧS·XRISTЧS·BASILEЧ·BASILEO. dans le champ. Follis. Br. TB.

MONNAIES GAULOISES [1]

---

471 **Massalia**. Buste de Diane diadémée et pharétrée à dr. ℞. ΜΑΣΣΑ ΛΙΗΤΩΝ. Lion en arrêt à dr., une des pattes de devant levée ; entre les pattes, ΣΕ. (1228). Arg. TB.

1. Les numéros entre parenthèses sont ceux de l'ouvrage de Muret et H. de La Tour.

472 **Volcae Arecomici**. Tête laurée à g. ℞. Cheval galopant à g. ; dessus, VOL ; dessous, roue à 4 rayons (2620). Arg. TB.

473 **Allobroges**. Tête laurée à dr. ℞. Chamois bondissant à dr. ; devant, une branche de gui ; dessous, une roue perlée (2878). Arg. TB.

474 **Volcae Tectosages**. Tête à g ; devant, deux poissons. ℞. Croix cantonnée de deux olives, un annelet elliptique et une hache ; à l'entour, 4 croissants. (Avers 3103. ℞. 3113.) Arg. TB.

475 **Elusates**. Tête informe à g. ℞. Cheval ailé désarticulé à g. (3587). Arg. TB.

476 **Arverni**. *Vercingétorix*. VER(CINGETORIXS). Tête nue, imberbe jeune à g. ℞. Cheval libre à dr. ; dessus, un croissant ; dessous, une amphore (3777). Statère. Or. Beau. Très rare.

Voyez planche X.

477 *Epasnactus*. EPAD. Buste jeune imberbe à dr., avec le casque lauré orné d'une crista. ℞. Guerrier debout, tenant une enseigne militaire, un bouclier et une lance ; dans le champ, un casque (3900). Arg. TB.

478 *Vergasillaunus*. VERGA. Buste jeune imberbe à g., les cheveux retenus par un cordon perlé. ℞. Cheval libre à dr. ; au-dessus, un annelet (3936). PB. TB.

479 **Bituriges-Cubi**. *Abucatos*. Tête imberbe à g., les cheveux en grosses mèches. ℞. ABVCATOS. Cheval libre à g. ; dessus, un aigle éployé ; dessous, trois annelets (4172). Statère. Or pâle. TB.

Voyez planche X.

480 **Petrocorii**. *Contoutos*. CONTOVTOS. Tête nue à dr. ℞. Loup à dr., la patte sur un bucrâne ; derrière, un arbre (4321). Br. B.

481 **Pictones**. Tête nue à dr. entourée de cordons perlés. ℞. Aurige à dr. dirigeant un cheval androcéphale disloqué ; dessous, une main ouverte (4383). Statère. Bas électrum. B.

Voyez planche X.

482 *Vérotal*. Tête de femme à g. ℞. VIIIOTAL. Guerrier debout de face, tenant une lance et le sanglier-enseigne et s'appuyant sur un bouclier (4483). Arg. TB.

483 **Santones**. Tête à dr., les cheveux en grosses mèches. ℞. Bige à dr. attelé d'un androcéphale casqué ; dessous, une main ouverte accostée de S et A (4512). Statère. Très bas électrum. B.

484 *Arivos*. ARIVOS. Tête casquée à g. ℞. SANTONO (rétrograde). Cheval libre sanglé galopant à dr. ; dessous, une rosace (4525). Arg. TB.

Voyez planche X.

485 **Lemovices**. Tête laurée à dr. ℞. Aurige dirigeant un bige à dr. ; sous les chevaux, une fleur ; à l'exergue, ПОV. (4542 var.). Statère. Or. TB.

Voyez planche X.

486 Tête imberbe casquée à g. ℞. Cheval galopant à g.; dessus, une tête à g.; dessous, un annelet (4571). Arg. TB.

487 **Ædui**. *Diasulos*. Tête à chevelure bouclée à g., le cou orné du torquès. ℞. DIASVLOS. Cheval sanglé galopant à dr. (4870). Arg. TB.

488 **Dubnorix**. DVBNOCOV. Tête à dr. ℞. DVBNOREX. Guerrier debout à g., portant le sanglier-enseigne (5026). Arg. TB.

489 *Litavicus*. Tête de Diane à dr.; derrière, un sceptre. ℞. LITA. Cavalier au galop à dr., portant le sanglier-enseigne (5057 var.). Arg. TB.

490 **Sequani**. Tête barbare à g. ℞. Taureau ou cheval cornu à g. (5368). Potin. TB.

491 *Togirix*. TOGIRIX. Tête casquée à g. ℞. TOGIRI. Cheval sanglé galopant à g.; dessous, un lézard (5546). Arg. TB.

492 **Vocontii**. *Durnacos*. DVRNACOS. Tête casquée à dr. ℞. Cavalier au galop à dr., portant une palme et tenant la lance en arrêt; dessous, AVG. (5749). Arg. B.

493 **Carnutes**. Tête imberbe et barbare à g., avec un astre à quatre rayons sur la joue. ℞. Aigle à g.; dessus, un large croissant (6074). Demi-statère. Or. B.

494 Tête imberbe à g. ℞. Cheval à dr.; dessus, un loup accroupi; dessous, triskèle (6023). Arg. B.

495 Tête imberbe à dr., les cheveux en grosses mèches. ℞. Aigle, aiglon, serpent, pentagone et croisette cantonnée de 4 points (6088). Br. TB. Jolie patine.

496 *Andecomborius*. Tête jeune diadémée à dr. ℞. ANDECOM. Cheval galopant à g.; dessous, un sanglier-enseigne (6352). Arg. TB.

497 *Toutobocio*. TOVTOBO—CIO. Tête imberbe à g. ℞. ATE—PIL—OS. Lion marchant à dr. (6361). Br. B.

498 **Osismii**. Tête imberbe avec chevelure bouclée à dr, entourée de cordons perlés et surmontée d'un sanglier-enseigne. ℞. Cheval androcéphale et aurige à dr.; devant, un vexillum suspendu; dessous, sanglier-enseigne (6539 var.). Bill. d'argent. TB.

499 **Corisopites**. Tête d'Ogmios à g., entourée de chainons aboutissant à une petite tête; devant, une croisette. ℞. Cheval androcéphale à g.; dessus, un oiseau; devant, une croisette suspendue; dessous, un bœuf à dr. (6577). Statère. Très bas électrum. TB.

Voyez planche X.

500 **Andecavi** ou **Namnetes**. Tête d'Ogmios à dr., entourée de cordons de perles. ℞. Cheval androcéphale et aurige à dr.; dessous, un génie à mi-corps retenant les pieds du cheval (6723). Statère. Or. TB.

Voyez planche X.

501 **Redones**. Tête laurée à dr. ℞. Cavalier nu brandissant une épée et un

bouclier ; dessous, une lyre et une croisette (6761 var.). Statère. Or. TB.

Voyez planche X.

502 **Aulerci Cenomani.** Tête laurée à dr. avec une mèche de cheveux isolée devant le front. ℞. Cheval androcéphale ailé et aurige à dr. ; devant, un vexillum suspendu ; dessous, un guerrier portant de chaque main une tête par les cheveux (6844). Statère. Or. TB.

Voyez planche X.

503 **Baïocasses.** Tête d'Ogmios à dr., entourée de cordons perlés et surmontée d'un sanglier. ℞. Cheval androcéphale avec aurige à dr. : devant, un vexillum suspendu ; dessous, un sanglier (6955 var.). Statère. Or. B.

Voyez planche X.

504 **Turones.** Tête laurée d'Apollon à dr. ℞. Char attelé d'un seul cheval à dr., dirigé par un aurige tenant une branche ; dessous, un foudre (6422 var.). Statère. Or. TB.

Voyez planche X.

505 *Cantorix.* TVRONOS. Tête casquée à g. ℞. CANTORIX. Cheval libre galopant à g. ; dessus, un annelet ; dessous, une lyre (7010). Potin. B.

506 **Aulerci Eburovices.** Tête barbare à g., coiffée d'une branche de gui, la joue tatouée ; dessous, tétraskèle et fleuron. ℞. Cheval disloqué à dr. ; dessus, l'aurige ; devant, une croisette ; dessous, un lièvre (7019). Demi-statère. Or pâle. TB. Rare.

Voyez planche X.

507 *Pixtilos.* PIXTILOS. Buste imberbe à g., avec casque à crinière, le cou orné du torquès ; derrière, un rameau. ℞. PIXTILOS. Lion à g., la queue relevée en forme de s ; dessus, deux annelets ; dessous, un sabre gaulois (7105). Br. TB.

508 **Caletes.** *Cucinacios Ulatos.* Tête imberbe et diadémée à dr., les cheveux tombant en boucles sur les épaules, le cou orné du torquès ; derrière, un pentagone. ℞. VLATOS. Cheval marchant à dr. (7206). Arg. TB.

Voyez planche X.

509 **Veliocasses.** Personnage nu à dr., les jambes écartées et repliées, la main droite étendue, la gauche en arrière ; derrière, des annelets centrés. ℞. Cheval androcéphale à dr., entre deux astres (7276). Br. TB.

510 **Senones.** Deux chèvres dressées et affrontées ; au centre, un point ; au-dessous, un point centré. ℞. Loup et sanglier affrontés ; au centre, un globule (7458). Potin. TB.

511 *Giamilos.* (GIA)MILOS. Tête à dr. ℞. SIINVI. Oiseau à g. ; au-dessus, deux epsilon cernant deux points ; derrière, pentalpha et deux annelets (7565). PB. TB. Patine foncée.

512 **Meldi**. *Epenos*. Tête informe à g. ℞. ΕΠΗΝΟ. Cheval bridé et sanglé galopant à dr.; dessous, un oiseau éployé (7117 var.). PB. AB.

513 **Suessiones**. *Divitiacus*. Tête à g.; devant la face, plusieurs annelets. ℞. ΔΕΙΟΥΙGΙΙΑCΟC. Cheval à dr.; dessous, un sanglier (7717). PB. B.

514 **Parisii**. Tête à dr., les cheveux divisés en grosses mèches; devant la bouche, un fleuron en forme d's; sous le menton, un rameau. ℞. Cheval à g.; dessus, un filet; dessous, une rosace (7782). Statère. Or. TB.

Voyez planche X.

515 Tête à dr.; devant, un feston. ℞. Cheval à g.; dessus, s couché; dessous, un point et un double croissant; derrière, deux annelets (7829). Potin. TB.

516 **Bellovaci**. Tête laurée à g., à grande chevelure frisée, traversée par une tige verticale se terminant en faucille, le buste très ornementé. ℞. Cheval à g., entouré de symboles variés, conduit par un aurige; dessous, une rosace et à l'exergue, des rinceaux (7886 var.). Statère. Or. TB. Grand module.

Voyez planche X.

517 *Criciru*. Tête casquée imberbe à g. ℞. CRICIRV. Cheval ailé à g. (7951). PB. B.

518 **Remi**. Œil de profil, entouré de symboles divers. ℞. Cheval à g.; dessous, une roue (8018). Statère. Bas or. B.

Voyez planche X.

519 REMO. Trois bustes accolés à g. ℞. REMO. Aurige ou Victoire dans un bige au galop à g. (8040). PB. TB.

520 **Catalaunes**. Guerrier courant à dr., tenant une massue et le torquès. ℞. Ours à dr.; dessus, un serpent (8124). Potin. TB.

521 **Tricasses**. Trois **ƨ** autour d'un point. ℞. Trois poissons autour d'une rouelle (8330, Potin. TB.

522 **Lingones** ou **Sequani**. Tête laurée à dr. ℞. Cheval et aurige à g.; ⵘ entre les jambes du cheval. Statère. Electrum très bas. B.

Voyez planche X.

523 **Lingones**. Bucrane de face entre deux s. ℞. Ours à dr., dévorant un serpent (8351). Potin. B.

524 **Ambiani**. Tête de femme laurée et très ornée à dr.. ℞. Aurige à longue chevelure tenant le torquès et dirigeant un bige à dr.; dessus, une étoile (8389). Demi-statère. Or. B.

Voyez planche X.

525 Hippocampe à dr.; devant, s; dessous, deux annelets. ℞. Cheval à dr.; dessus, un loup à dr.; dessous un annelet (8497 var.). PB. AB.

526 **Atrebates**. Tête laurée à dr., dégénérée et traversée par une tige verti-

cale. ℞. Cheval disloqué à dr., entouré de croissants, de globules et de rouelles (8597). Statère. Or. B.

Voyez planche XI.

527 Bateau. ℞. Symboles divers (8611). Quart de statère. Or. B.

528 Tête dégénérée en forme de foudre. ℞. Cheval à dr. avec globules dans le champ (8620). Potin. B.

529 *Andobru*. ANDOBRV. Buste jeune imberbe à g., la tête couverte d'un casque à larges bords. ℞. Cavalier à dr., le manteau flottant (8673). PB. B.

530 *Commius*. CARMANO. Buste jeune imberbe à dr., avec casque à larges bords, le cou orné du torquès. ℞. COM..... Cheval libre galopant à dr.; dessous, fleur ou feuille trilobée (8683). Arg. fourré. AB.

Voyez planche XI.

531 *Vartice*. Tête en forme de foudre. ℞. VARTICE. Cheval à dr. entre deux globules (8645). PB. B.

532 **Morini**. Protubérance lisse traversée par une baguette et dentelée sur les bords. ℞. Cheval disloqué à dr., entouré de symboles divers (8717). Statère. Or. TB.

Voyez planche XI.

533 **Nervii**. Tête disloquée, dite à l'epsilon. ℞. Cheval à gorge fourchue, à dr. (8746 var.). Statère. Or. TB.

Voyez planche XI.

534 **Treviri**. Grand œil de profil, la prunelle indiquée par des cercles concentriques. ℞. Cheval bridé à g.; dessus, trois points; dessous, cercles concentriques perlés; devant, un annelet; à l'exergue, des rinceaux (8815). Statère. Or. TB.

Voyez planche XI.

535 **Mediomatrici**. Tête d'Apollon à dr. ℞. Pégase à dr.; à l'exergue, points simulant une légende (8956). Quart de statère. Or. TB.

Voyez planche XI.

536 **Viroduni**. Tête ceinte d'un triple diadème à dr.; sous le menton, s couché ℞. Cheval à dr., regardant en arrière; dessus, un rameau; dessous, une rosace; devant, une croisette (9000). Statère. Or bas. AB.

537 **Leuci**. *Solima*. SOLIMA. Tête nue à g. ℞. Cheval bridé et sanglé galopant à g.; dessous, un dauphin (9031 var.). Arg. TB.

538 Tête diadémée à g., les cheveux épars. ℞. Sanglier à g.; dessous, un lis (9046). Potin. B.

539 *Germanus*. Tête imberbe diadémée à dr. ℞. GERMANVS INDVTIL. Taureau cornupète à g. (9246). PB. B.

540 **Boii**. Tête d'oiseau à g. dans une couronne. ℞. Figure cruciforme. surmontée d'un fleuron; dessous, trois points (9437). Statère. Or. B.

Voyez planche XI.

MONNAIES FRANÇAISES

CAROLINGIENS [1]

541 **Pépin le Bref.** *Antrain.* R.P. en grandes lettres; au-dessus, un trait; dans le champ, 6 globules. ℞. AV TRA' XO en trois lignes séparées par des barres (4). Denier. Arg. TB. Rare.

Voyez planche XI.

542 **Charlemagne.** *Localité incertaine. Italie?* CARO-LVS en 2 lignes. ℞. RXF; au dessus, un trait; au milieu, deux points (2). Denier. Arg. TB.

Voyez planche XI.

543 *Melle?* ou *Médoc?* CARO-LVS en deux lignes. ℞. MEDOCVS en légende circulaire autour d'un nœud (91). Denier. Arg. TB.

544 **Louis I le Débonnaire.** *Localité incertaine du Nord.* DN.HLVDOVVICVS IMP. AVG. Buste lauré à dr. ℞. MVNVS DIVINVM. Croix dans une couronne (XIV.11). Sou d'or d'assez bon style, avec les légendes complètes et bien lisibles.

Voyez planche XI.

545 *Dorestadt.* HLVDOVVICVS.IMP.AVG. Buste lauré à dr. ℞. DORESTATVS. Vaisseau à la voile (XXXVI, 59). Denier. Arg. B. Rare.

Voyez planche XI.

546 **Charles II le Chauve.** *Bourges.* CARLVS REX. Buste lauré à g. ℞. BITVRICES en deux lignes (XXII, 44). Denier. Arg. TB. Rare.

Voyez planche XI.

547 **Louis II le Bègue.** *Arles.* + LVDOVVICVS. Croix. ℞. ARELA CIVIS. Monogramme par C. Denier. Arg. TB.

548 **Carloman II.** *Limoges.* + CARLOMAN REX. Croix. ℞. + LIMOVX CIVIS. Monogramme (XXXIX, 11). Denier. Arg. TB.

Voyez planche XI.

549 **Louis III.** *Tours.* + MISERICORDIA DI REX. Monogramme avec toutes les lettres de LVDOVICVS. ℞. TVRONES CIVITAS. Croix (XXXVIII, 5). Denier. Arg. TB.

550 **Charles le Gros.** *Beauvais.* CAROLVS REX FRAN. Croix. ℞. BELLEVACVS CIVI. Monogramme par C. Denier. Arg. TB.

551 **Eudes.** *Toulouse.* + ODDO REX FRC. Croix. ℞. + TOLOSA CIVI. Dans le champ ODDO en deux lignes (52). Denier. Arg. TB.

1. Les numéros entre parenthèses sont ceux de l'ouvrage de Gariel.

552 **Charles III le Simple**. *Quentovic*. CARLVS REX. Croix cantonnée d'un point aux 1er, 3e et 4e et de trois points au 2e. ℞. QVENTVVVICVS. Temple. Denier. Arg. AB.

553 **Louis IV d'Outre-Mer**. *Chinon*. LVDOVICVS REX. Tête diadémée à dr. ℞. + CAINONI CASTRO. Croix. Denier. Arg. B. Rare.

Voyez planche XI.

554 **Lothaire II**. *Bourges*. LOTERIVS REX. Croix évidée en losange. ℞. BITVRICES CIVITAS. Temple. Denier. Arg. TB.

555 *Lothaire II et Adalbéron, Archevêque de Reims*. + LOTHARII RX. Tête couronnée à g. ℞. + ADAL..... AR. Croix cantonnée de quatre lettres. R.E.S... Denier. Arg. AB.

556 **Louis V**. *Langres*. HLVDOVVICVS. Dans le champ IX. ℞. LINGONIS CVIS. Croix. Denier. Arg. B.

CAPÉTIENS [1]

557 **Hugues Capet**. *Beauvais*. HERVEVS HVGO REX. Croix cantonnée de 2 points. ℞. BELVACVS CIVITAS. Dans le champ CAROLVS en monogramme (9). Denier. Arg. B.

558 **Robert II**. *Paris*. ROT.BER.TVS. Dans le champ REX. ℞. PARISIVS CIVITAS. Croix (1). Denier. Arg. B Rare.

Voyez planche XI.

559 *Robert II et Adalbéron. Laon*. RO [BBE.....AI]. Buste couronné du roi, de face. ℞. ADAL..... Tête nue, de face, de l'évêque (10). Denier. Arg.

560 **Henri I**. *Chalon-sur-Saône*. + HINRICVS REX. Croix cantonnée de deux croissants. ℞. + CAVLON CIVITA. Dans le champ, grand B (4). Denier. Arg. B. Rare.

Voyez planche XI.

561 **Philippe I**. *Mâcon*. + PILIPVS REX. Croix évidée en losange au centre, et cantonnée de quatre globules. ℞. MATISCON. Grand S entre deux globules (31). Denier. Arg. B.

562 **Louis VI**. *Dreux*. LVDOV-CVS REX. Église avec son clocher. ℞. + DRVCAS CASTA. Croix cantonnée de deux oméga. Denier. Arg. B.

563 **Louis VII**. *Bourges*. + LVDOVICVS REX. Tête barbue et mitrée de face. ℞. VRBS BITVRICA. Croix florencée dont le pied coupe la légende (4). Denier. Arg. B.

1. Les numéros entre parenthèses sont ceux de l'ouvrage de Hoffmann.

564 *Bourbon*. + LODVICVS REX. Tête à gauche. ℞. BORBONENSIS. Croix cantonnée de quatre globules (15). Denier. Arg. B.

565 *Laon*. + LVDOVICVS RE. Buste couronné de face. ℞. GALTERVS EPC. Buste mitré, de face (20). Denier. Arg. TB.

566 *Angoulême*. + Croix. ℞. Trois annelets et un croissant formant la croix. Au centre, une croisette. Denier. Arg. B.

567 **Philippe II Auguste**. *Bourges*. PHILIPVS REX. Tête barbue et mitrée de face. ℞ .VRBS BITVRICA. Croix tréflée dont le pied coupe la légende (5). Denier. Arg. Fruste.

568 *Laon*. + PHILIPVS RE. Buste couronné du roi, de face. ℞. ROGERVS EPE. Buste mitré de l'évêque, de face (17). Denier. Arg. B.

569 **Louis VIII**. *Paris*. LVDOVICVS REX. Dans le champ FRANCO en deux lignes dont la dernière rétrograde. ℞. PARISII CIVIS. Croix (1). Denier. Arg. B.

570 **Louis IX**. *Agnel*. AGN.DI.CVI.TOLL.PECA.MVDI.MISERERE.NOB. Agneau pascal nimbé ; derrière, une croix ornée d'un pennon ; au-dessous, LVD.REX. ℞. XPC.VINCIT.XPC.REGNAT.XPC.IMPERAT. Croix feuillue dans une rosace ornée de fleurons et cantonnée de quatre lis (1). Or. B. Rare.

Voyez planche XI.

571 *Gros tournois*. + BNDICTV ⁝ SIT ⁝ NOME ⁝ DNI ⁝ NRI ⁝ DEI ⁝ IHV.XPI, en légende extérieure ; + LVDOVICVS REX en légende intérieure. Croix. ℞. TVRONVS CIVIS. Châtel tournois ; bordure de douze lis (10). Arg. TB.

572 **Philippe III le Hardi**. *Masse d'or*. PHILIPP ⁝ DEI ⁝ GRA ⁝ FRACHORV ⁝ REX. Le roi couronné assis entre deux fleurs de lis sur un trône décoré de têtes de lion, tenant une fleur de lis et un sceptre fleurdelisé. ℞. + XPC ⁝ VICIT ⁝ XPC ⁝ REGNAT ⁝ XPC ⁝ IMPERAT. Croix feuillue cantonnée de quatre fleurs de lis (3). Or. TB.

Voyez planche XI.

573 **Philippe IV le Bel**. *Chaise d'or*. + PHILIPPVS ⁝ DEI ⁝ GRA ⁝ FRANCHORVM ⁝ REX. Le roi, couronné, assis de face sur un trône gothique, dans une rosace. ℞. + XPC ⁝ VINCIT ⁝ etc. Croix feuillue dans une rosace cantonnée de quatre couronnes (3). Or. TB.

Voyez planche XI.

574 *Royal parisis double*. + PHILIPPVS REX. Croix feuillue. ℞. MONETA DVPLEX. Dans le champ REGALIS en deux lignes, sous une fleur de lis (20). Bill. TB.

575 *Bourgeois fort* + PHILIPPVS REX. Croix tréflée à long pied coupant la légende. ℞. BVRGENSIS ; dans le champ, en deux lignes, FORTIS sous une couronne (26). Bill. TB.

576 **Louis X**. *Agnel*. + AGN'D'I QVI TOLL'PECA MV̄DI MISERERE NOB. Agneau

pascal nimbé à g., regardant une croix ornée d'un pennon ; dessous, LVD.REX et marteau. ℞. + XPC. etc. Croix feuillue dans une rosace cantonnée de quatre fleurs de lis. (1). Or. TB.

Voyez planche XI.

577 *Denier tournois.* LVDOVICVS REX. Croix. ℞. TVRONVS CIVIS. Châtel (5). Bill. TB.

578 **Philippe V**. *Agnel.* + AGN'DI QVI TOLL PECA MVDI MISERERE NOB. Agneau pascal nimbé, à g., regardant une croix ornée d'un pennon ; dessous, PH'REX, et marteau. ℞. + XPC. etc. Croix feuillue dans une rosace cantonnée de quatre fleurs de lis (1). Or. TB.

Voyez planche XII.

579 **Charles IV le Bel**. *Royal d'or.* KOL.REX.FRA.COR. Le roi debout, de face sous un dais gothique, et tenant un long sceptre. ℞. + XPC. etc. Croix feuillue et terminée par des lis dans une rosace cantonnée de quatre couronnes (2). Or. TB.

Voyez planche XII.

580 *Double parisis.* KAROLVS REX. Couronne ; dessous, un annelet. ℞. MONETA DUPLEX. Croix fleurdelisée (10). Bill. B.

581 **Philippe VI**. *Pavillon d'or.* PHILIPPVS ⋮ DEI ⋮ GRA ⋮ FRANCHORVM ⋮ REX. Pavillon fleurdelisé sous lequel le roi couronné et sceptre en main, est assis de face sur un siège orné de deux têtes de lion. ℞. + XPC. etc. Croix feuillue et terminée par des lis dans une rosace cantonnée de quatre couronnes (8). Or. Très beau.

Voyez planche XII.

582 **Jean II le Bon**. *Franc à cheval.* Fleur de lis. IOHANNES.DEI.GRACIA. FRANCORV.REX. Le roi, revêtu d'une armure fleurdelisée, casque en tête et l'épée haute, sur un cheval à g., couvert d'une housse fleurdelisée ℞. + XPC. etc. Croix feuillue dans une rosace cantonnée de 4 trèfles (10). Or. Très beau.

Voyez planche XII.

583 *Gros blanc à la Couronne.* + IOHANNES DEI GRA. en légende intérieure, coupée par une croix à long pied fleurdelisée ; autour : + BNDICTV ⋮ etc. ℞. FRANCORV.REX en deux lignes, sous une grande couronne (28). Bill. TB.

584 **Charles V**. *Franc à pied.* KAROLVS.DI.GR.FRANCORV.REX. Le roi debout de face, tenant l'épée et une main de justice, sous un portail gothique entouré de fleurs de lis. ℞. + XPC. etc. Croix feuillue, cantonnée de deux lis et de deux couronnelles, dans une rosace cantonnée de huit lis (2). Or. TB.

585 *Gros delphinal.* + KAROLVS.FRANCORV.REX. Dauphin. ℞. ET DAVPHS VIENESIS. Croix perlée, terminée par des couronnelles, cantonnée de deux lis et de deux dauphins (14). Bill. B.

586 **Charles VI**. *Écu d'or*. + KAROLVS ⁝ DEI ⁝ GRACIA ⁝ FRANCORVM ⁝ REX. Écu de France couronné. ℞. + XPC. etc. Croix arquée et fleurdelisée, avec étoile en cœur, dans une rosace fleurdelisée cantonnée de quatre couronnelles (1). Or. TB.

587 *Gros dit Grossus*. + KL ⁝ DI ⁝ G ⁝ FRA CORV ⁝ REX, en légende intérieure. Autour : SIT NOMEN etc. Croix. ℞. GROSVS ⁝ TVRONVS. Trois lis sous une couronne ; bordure de onze lis et d'une croisette (11). Bill. TB.

588 **Henri VI**. *Salut*. (léopard) HENRICVS ⁝ DEI ⁝ GRA ⁝ FRANCORV ⁝ Z ⁝ AGLIE ⁝ REX. Écus accostés de France et d'Angleterre ; derrière, l'Annonciation. ℞. (léopard) XPC etc. Croix à long pied entre un lis et un léopard dans une rosace ; dessous, H (2). Or. TB.

Voyez planche XII.

589 **Charles VII**. *Royal*. KAROLVS.DEI.GRA.FRANCORV.REX. Le roi tenant le sceptre et la main de justice debout de face, le champ semé de 14 lis. ℞. XPC ⁝ etc. Croix feuillue dans un quadrilobe cantonné de lis à l'intérieur et de couronnelles à l'extérieur (9). Or. TB.

590 **Louis XI**. *Écu du Dauphiné*. + LVDOVICVS. DALPHINVS.VIENENSIS. Champ écartelé de France-Dauphiné. ℞. + XPC. etc. Croix feuillue et fleuronnée, cantonnée de deux dauphins et de deux lis (Embrun). Or. TB. *Voyez planche XII.*

591 *Hardi*. LVDOVICVS.DEI.GRACIA. Le roi à mi-corps, tenant une épée. ℞. XPS.VINCIT.XPS.REGNAT. Croix cantonnée de deux couronnes et de deux lis (34 var.). Bill. B.

592 **Charles VIII**. *Écu de Bretagne*. KAROLVS ⁝ DEI ⁝ GRA ⁝ FRANCORVM ⁝ REX ⁝ R ⁝ Écu de France accosté de deux hermines et surmonté d'un soleil. ℞. : XPS ⁝ VINCIT ⁝ XPS ⁝ REGNAT ⁝ XPS ⁝ IMPERAT. Croix cantonnée de quatre mouchetures couronnées (7). Or. TB.

593 *Hardi de Bretagne* (37). — *Liard du Dauphiné* (40). Billon. — Ens. 2 p. AB.

594 **Louis XII**. *Écu aux porcs épics*. + LVDOVICVS DEI GRACIA FRANCORVM REX. Écu de France accosté de deux porcs-épics. ℞. + XPC.VINCIT. etc. Croix cantonnée de deux porcs-épics et de deux L (6). Or. TB.

Voyez planche XII.

595 *Teston de Milan*. + LVDOVICVS D.G.FRANCORVM.REX. Son buste à dr. avec le chaperon fleurdelisé. ℞. MEDIOLANI DVX. Saint-Ambroise sur un cheval galopant à dr. ; dessous, l'écusson de France (87). Arg. TB.

596 **François I**[er]. *Écu à la Salamandre*. (Soleil) FRANCISCVS D.G. FRANCORVM REX. Écu de France accosté de deux salamandres ; H sous l'écu. ℞. + XPC. VINCIT etc. Croix fleurdelisée cantonnée de deux salamandres et de deux F ; H sous la croix (27). Or. B.

Voyez planche XII.

597 *Teston*. FRANCISCVS D.GRA.FRANCOR.REX. Buste barbu à dr. avec couronne radiée et fleurdelisée, cuirasse damasquinée. ℞. + NO.NOBIS.DNE.SED. NOI.TVO.DA.GLORIA.F. Écu de France couronné dans une rosace; dessous, D. Lyon. (81). Arg. TB.

598 **Henri II**. *Double Henri d'or*. HENRICVS.II.D.G.FRAN.REX. Buste cuirassé à dr. ℞. (Soleil). DVM.TOTVM.COMPLEAT ORBEM. 1558. Croix formée par 4 H couronnés et cantonnée de deux croissants et de deux lis; en cœur, la lettre B. Rouen (26 var.). Or. TB.

Voyez planche XII.

599 *Teston au moulin*. .-:-.HENRICVS.II.DEI.G.FRANCOR.REX. Buste lauré et cuirassé à dr. ℞. CHRS VINCIT CHRS REGNAT CHRS IMP 1556. Écu de France couronné; dessous, A (57). Arg. TB.

600 **Charles IX**. *Teston*. CAROLVS VIIII.D.G.FRANC.REX. Buste à g.; dessous, A. ℞. SIT NOMEN.DNI BENEDICT.M.D LXII. Écu de France accosté de deux C couronnés (10). Arg. TB.

601 **Henri III**. *Franc*. HENRICVS.III.D.G.FRANC.ET.POL.REX.1581. Buste du roi fraisé à dr.; dessous, M. ℞. SIT NOMEN DOMINI BENEDICTVM.C. Croix feuillue et fleurdelisée avec H au centre. Toulouse (25). Arg. TB.

602 **Charles X, Roi de la Ligue**. *Double Tournois*. CHARLES.X.R.DE.FRANCE. Son buste couronné à g. ℞. + DOVBLE TOVRNOIS, 1593. Trois lis, dessous, A. (16). Cuivre. TB.

603 **Henri IV**. *Demi franc*. + HENRICVS.IIII.D.G.FRAN.ET.NAVA.REX. Dessous, P. Buste lauré à dr. ℞. SIT NOMEN., etc. 1603. Croix formée de quatre fleurons avec H au centre. Dijon (35). Arg. Très beau.

Voyez planche XII.

604 *Essai d'argent du double-tournois*. HENRI.IIII.R.DE FRAN.ET.NAV.A. Buste lauré et cuirassé, à dr. ℞. ✠ DOVBLE.TOVRNOIS.1604. Trois lis (77). Arg. TB.

Voyez planche XII.

605 *Denier Tournois*. Même droit. ℞. ✠. DENIER TOVRNOIS. 1606. Deux lis, et A. (79) Cuivre. TB.

606 **Louis XIII**. *Louis d'argent de soixante sols*. LVDOVICVS.XIII.D.G.FR.ET. NAV.REX. Buste lauré drapé et cuirassé à dr. ℞. (Rose). SIT.NOMEN. etc. 1643. Écu de France couronné (91). TB.

607 **Louis XIV**. *Écu blanc aux palmes*. LVD.XIIII.D.G.FR.ET.NAV.REX. Buste cuirassé à dr., avec l'égide; au-dessus, soleil. ℞. SIT NOMEN. etc. Écu rond couronné entre deux palmes; dessous, A (140). Arg. TB.

608 **Louis XV**. Écu (62). — **Louis XVI**. Écu (12). Arg. — Ens. 2 p. AB.

DIVERS

609 **Édouard, Prince Noir**. *Léopard d'or*. + ED' : P'MO : GN'S : REGIS : ANGLIE : PRCEPS : AQITANIE. Léopard couronné à g., dans une épicycloïde de onze lobes. ℞. + XPC : VINCIT etc. Croix fleuronnée cantonnée de quatre léopards dans un quadrilobe alterné d'angles. (Poey d'A. 3070). Or. TB.

Voyez planche XII.

610 *Gros de Londres*. +EDWARD.DI.GRA.REX.ANGL.FRANC. Buste couronné de face dans une rosace. ℞. POSVI.DEVM.ADIVTORE.MEVM. En 2e légende : CIVITAS.LONDON. Croix coupant les légendes, cantonnée de 12 besants. Arg. B.

611 **Édouard III**. *Noble d'or*. EDVVARD. DEI.GRA.REX.ANGL.DNS. HYB. Z.AQ.D : Le roi de face, à mi-corps, tenant l'épée et le bouclier écartelé de France et d'Angleterre, sur un vaisseau ; au bas, des flots. ℞. +IHC. AVTEM. TRANSIENS.P'MEDIVM.ILLORR.IBAT. Croix feuillue dans une rosace cantonnée de 4 léopards couronnés. Au centre, E (Caron, 241). Or. TB.

612 **Philippe II**. *Daldre de Tournai*. PHS.D.G.HISP.Z.REX DNS.TORNA. Buste couronné et cuirassé à g., tenant un sceptre ; dessous, 15 (tour) 79. ℞. PAX.ET.IVSTITIA. Écu couronné des Pays-Bas, entouré du collier de la Toison d'or. Arg. B.

613 *Écu-Philippus d'Arras*. PHS.D.G.HIS.Z.REX.CO.ART. Buste cuirassé à dr.; dessous, 15 (rat) 89. ℞. DOMINVS.MIHI.ADIVTOR. Grand écu d'Espagne couronné sur une croix de Bourgogne accostée de briquets avec étincelles ; en pointe, le bijou de la Toison d'Or. Arg. B.

614 **Louis XV**. *États d'Artois*. Sa tête à dr. ℞. COMITIA.ARTESIÆ. Armes des États d'Artois. Jeton d'argent. B.

615 **Louis XVI**. *États d'Artois*. Sa tête à dr. ℞. Le précédent. Jeton. Arg. B.

616 *Naissance du Dauphin*. LUD.XVI.FR.ET.NAV.REX.·.MAR.ANT.AUST.REG.FR. Bustes de Louis XVI et de Marie-Antoinette affrontés ; signé N.GATTEAUX. ℞.FELICITAS.PUBLICA. La France assise, tenant le Dauphin ; à l'exergue ; NATALES.DELPHINI.DIE.XXII.OCTOBRIS.MDCCLXXXI. Médaille. Arg. 33 mm. TB.

LIVRES DE NUMISMATIQUE

617 **Amécourt** (Le Vicomte Ponton d'). Monnaies d'or romaines et byzan-

tines. Paris. 1887, in-4°, avec 37 pl. phot. et prix de vente. Demi-reliure.

618 **Babelon** (E.). Traité des monnaies grecques et romaines. 1re Partie : Théorie et Doctrine. IIe Partie : Description historique. IIIe Partie : Pl. I à LXXXV. Trois volumes in-4°. Paris. 1901-1907. Br. et cart.

619 **Cohen** (H.) Description historique des monnaies frappées sous l'Empire romain depuis Pompée jusqu'à la chute de l'Empire d'Occident. Deuxième édition. Paris. 1880-1892. 8 vol. in-8°, avec nombr. fig. dans le texte. Belle demi-reliure, tr. dorée.

620 **Feuardent**. Catalogue de monnaies françaises, avec atlas. Demi-rel.

621 **Hoffmann** (Collection H.). Médailles Grecques et Romaines, Françaises et Seigneuriales. Paris, 1898. Pl. et prix. Demi-rel.

622 **Meyer** (Collection H.) Monnaies françaises. Paris, 1902, 32 pl. et prix de vente. Demi-rel.

623 **Montagu** (Collection). Monnaies d'or romaines et byzantines. Paris, 1896, gr. in-4°. 41 pl. et prix. Demi-rel.

624 **Muret** (E.). Catalogue des monnaies gauloises de la Bibliothèque nationale. Paris, 1889, gr. in-4°. Demi-rel., et H. de **La Tour**. Atlas. Paris, 1892, in-fol. 55 pl. Demi-rel.

625 **Quélen** (Le Vicomte de). Monnaies grecques, romaines, byzantines. Pl. et prix de vente. Demi-reliure.

626 **Richard** (Collection). Jetons français. Paris, 1904, 9 Pl. et prix de vente. Br.

627 **Witte** (J. de). Recherches sur les Empereurs qui ont régné dans les Gaules au IIIe siècle de l'ère chrétienne. Paris, 1868, fort in-4°. 49 pl. Cart.

MACON, PROTAT FRÈRES, IMPRIMEURS

Etienne BOURGEY, Expert, 7, Rue Drouot. Phototypie Berthaud, Paris

45 43 48 55 59

49 52 50

51 53 57 56

54 62 70 71

88
73
86
97
94
72
77
80
82
95
106
118
122
121
123
131
133
132
134

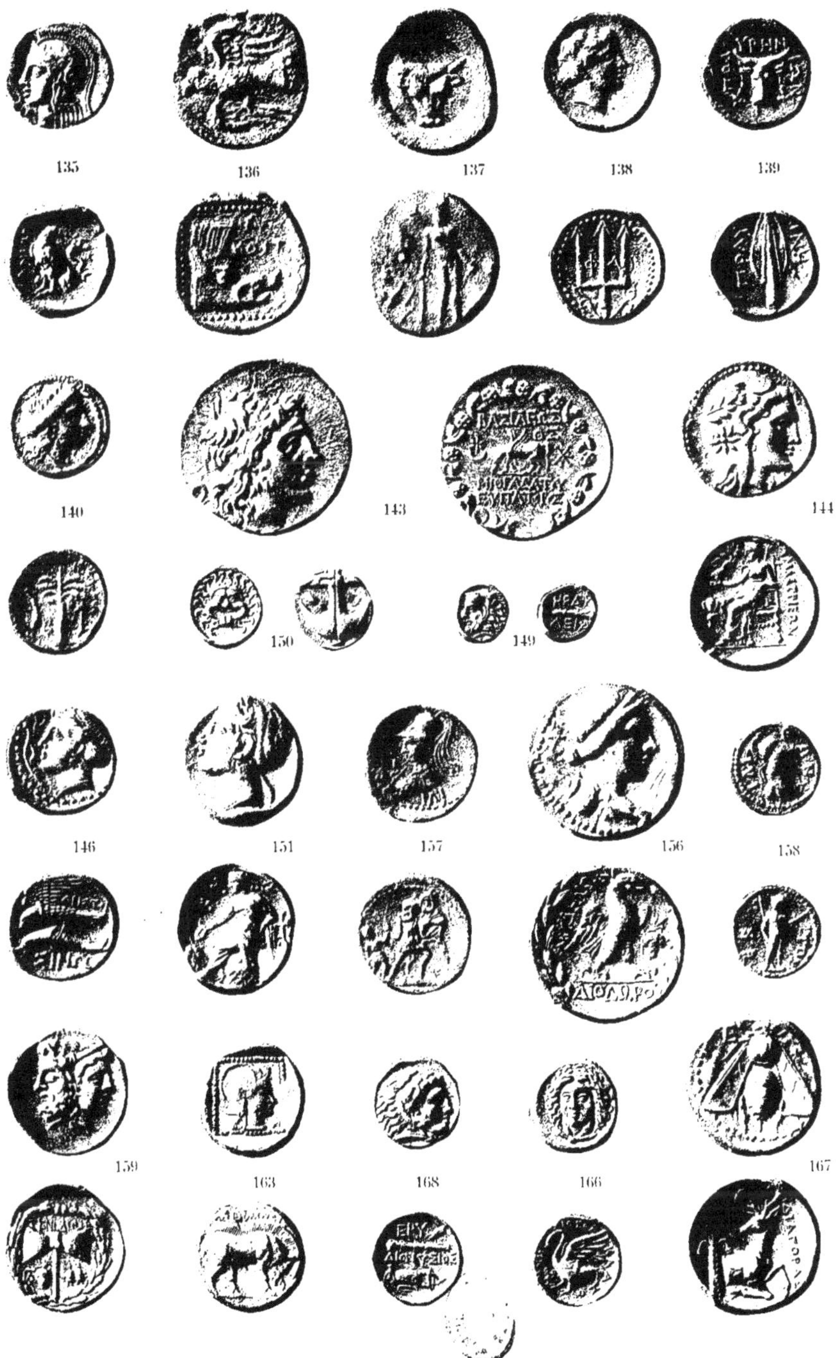

Etienne BOURGEY, Expert, 7, Rue Drouot.

Phototypie Berthaud, Paris

174
173
175
182
176
178
179
180
181
183
185
188
190
194
193
195
197
209

Etienne BOURGEY, Expert, 7, Rue Drouot.

Phototypie Berthaud, Paris

Etienne BOURGEY, Expert, 7, Rue Drouot.

Phototypie Berthaud. Paris

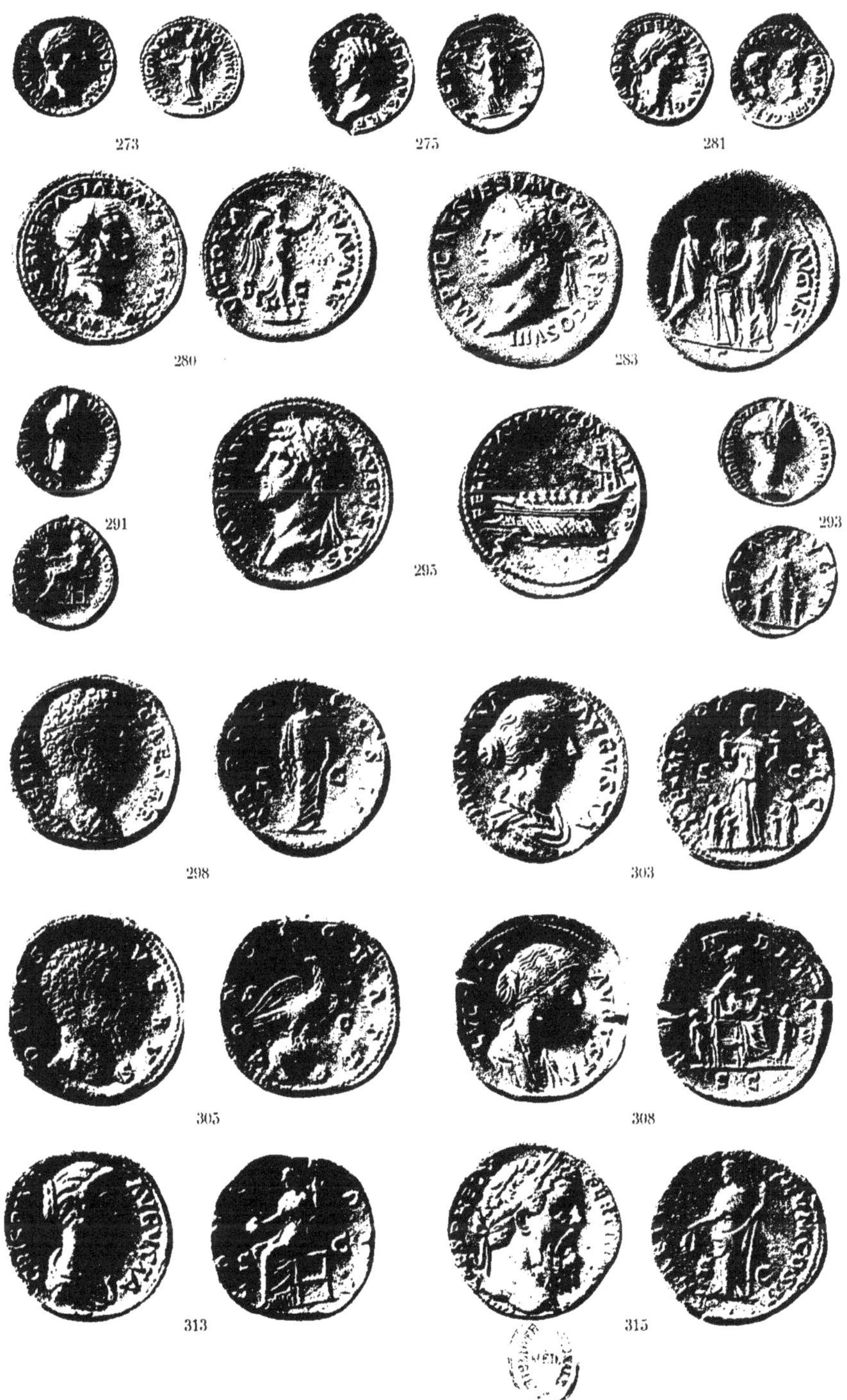

273 275 281

280 283

291 295 293

298 303

305 308

313 315

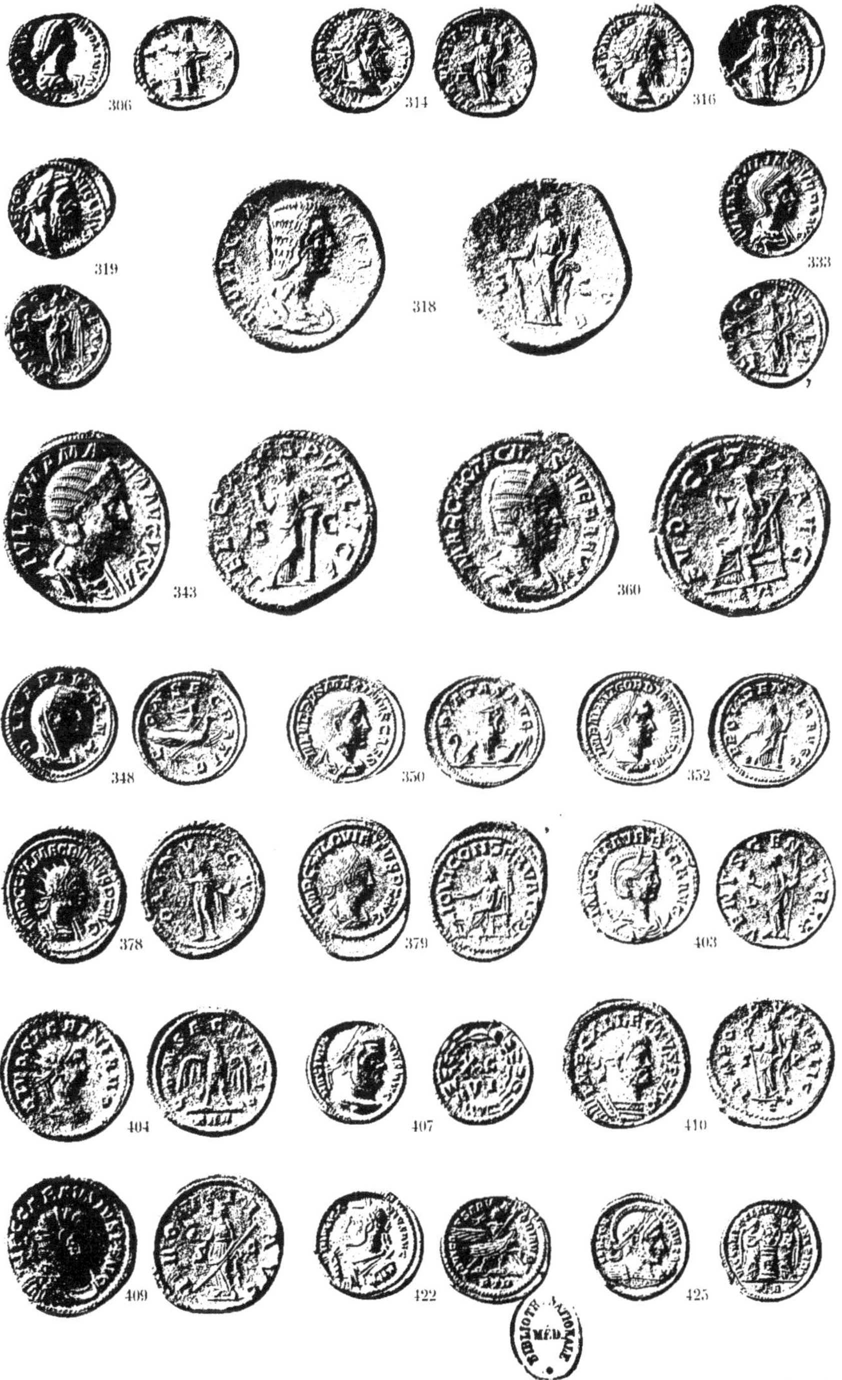
306 314 316 319 318 333 343 360 348 350 352 378 379 403 404 407 410 409 422 425

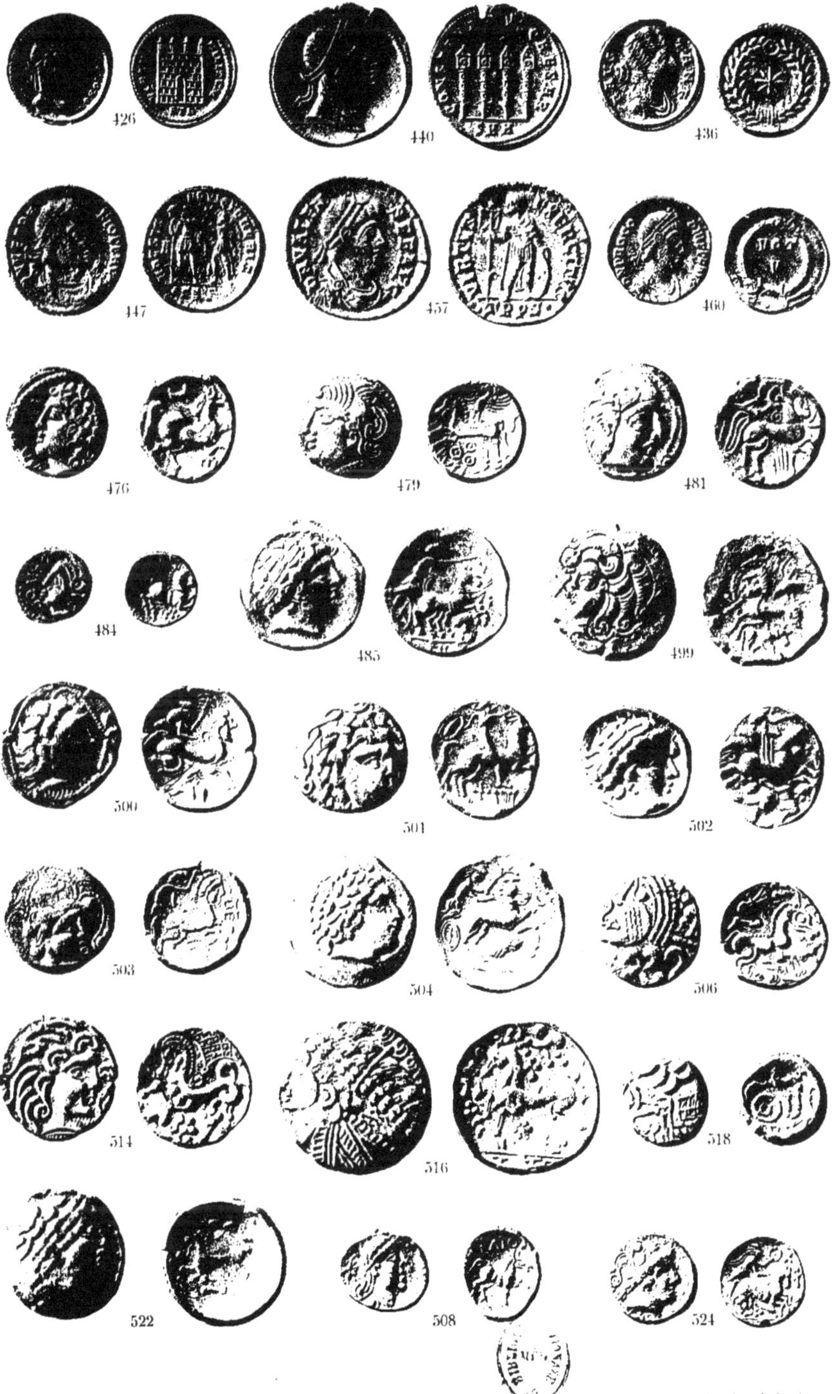
426
440
436
447
457
460
476
479
481
484
485
499
500
501
502
503
504
506
514
516
518
522
508
524

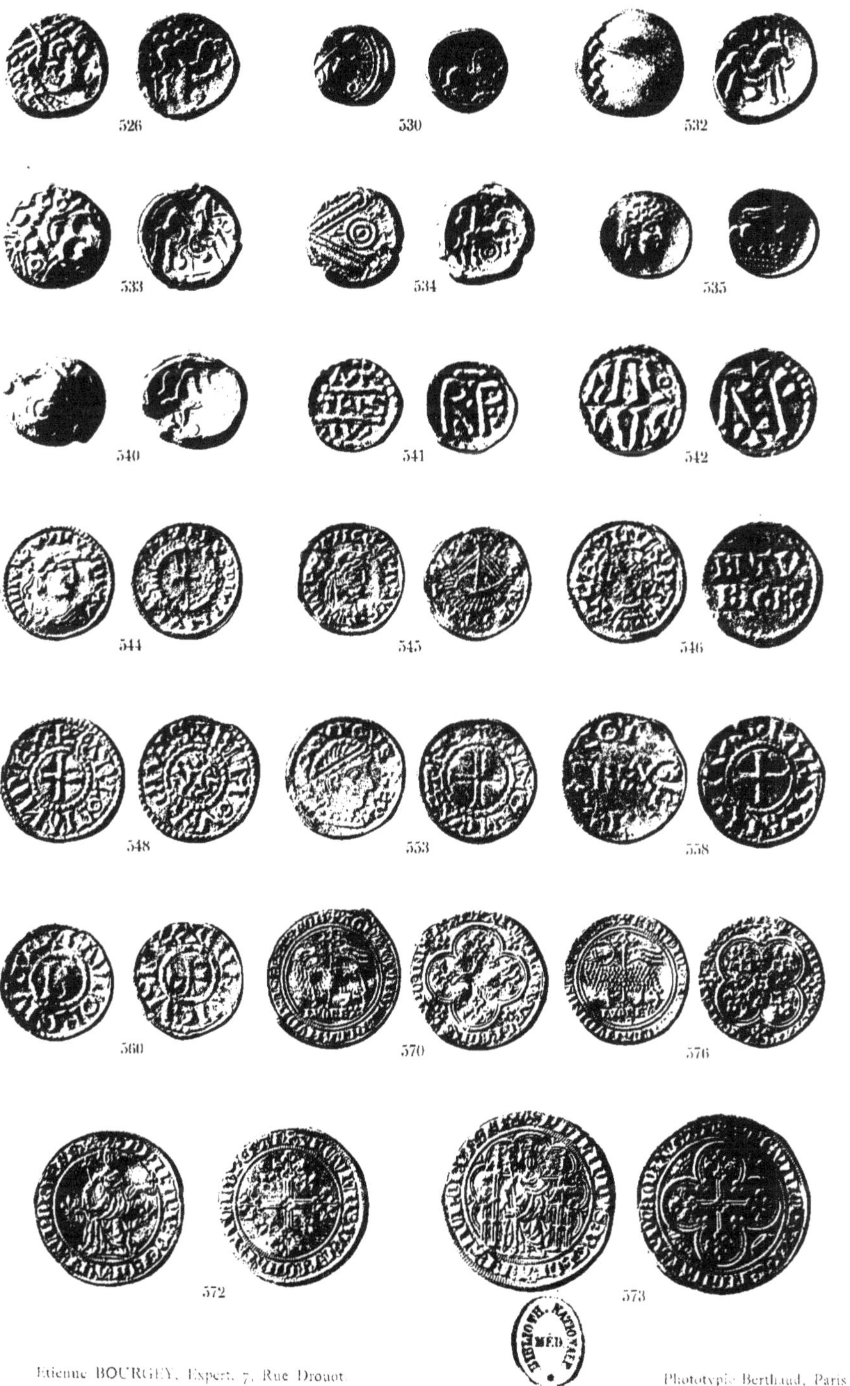

526 530 532

533 534 535

540 541 542

544 545 546

548 553 558

560 570 576

572 573

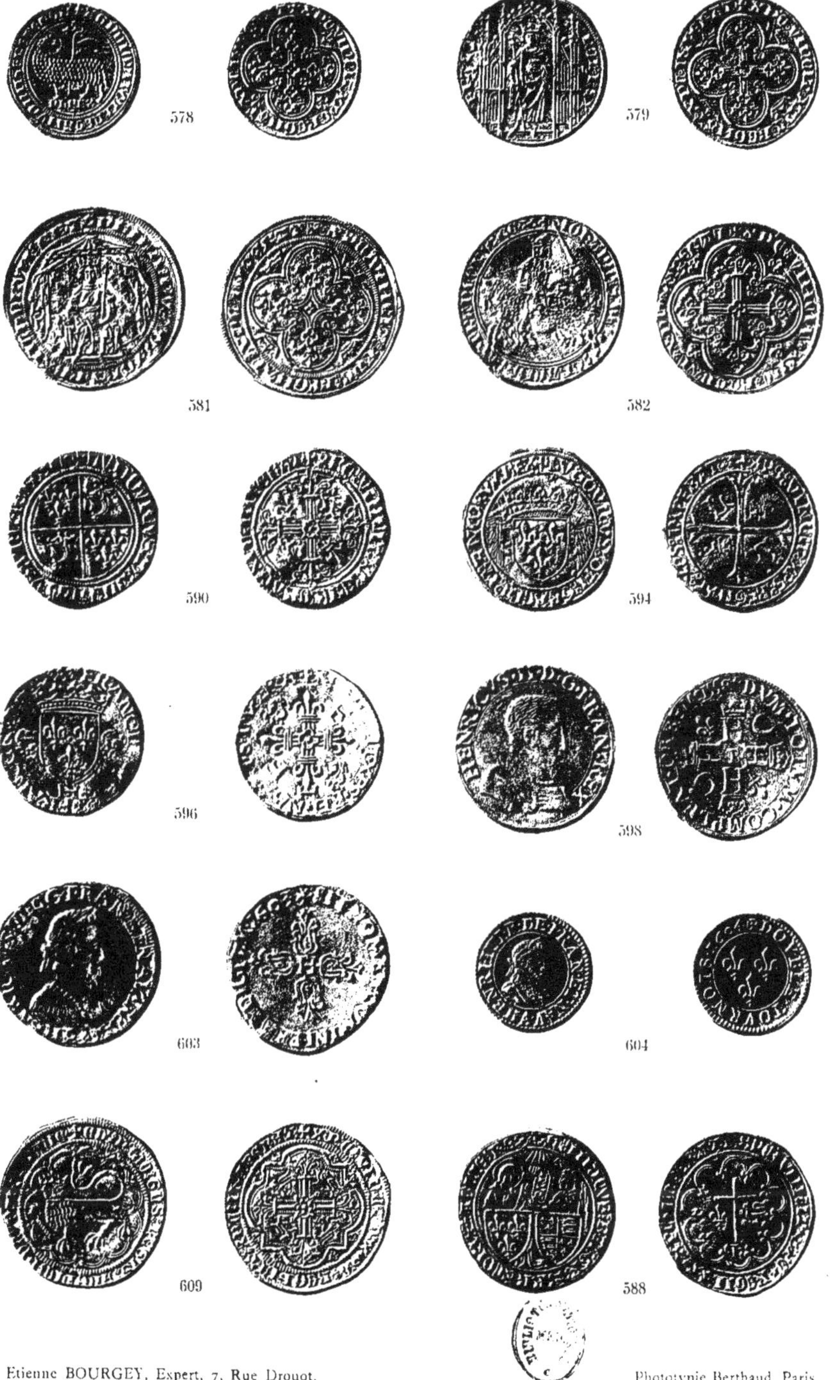

Etienne BOURGEY, Expert, 7, Rue Drouot.

Phototypie Berthaud, Paris

MACON, PROTAT FRÈRES, IMPRIMEURS.

www.ingramcontent.com/pod-product-compliance
Ingram Content Group UK Ltd.
Pitfield, Milton Keynes, MK11 3LW, UK
UKHW021615260726
13994UKWH00003B/1020

9 782329 368726